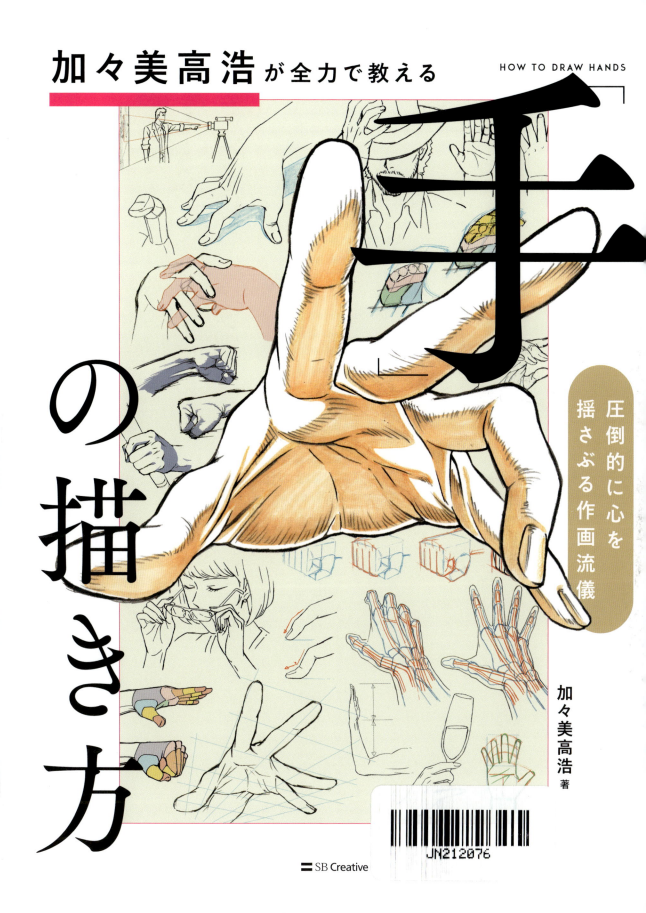

特典データについて

作画動画と手の写真素材は、本書のサポートページで配布しています。詳しくは、p.142をご確認ください。

本書サポートページ https://isbn.sbcr.jp/99851/

本書に関するお問い合わせ

この度は小社書籍をご購入いただき誠にありがとうございます。小社では本書の内容に関するご質問を受け付けております。本書を読み進めていただきます中でご不明な箇所がございましたらお問い合わせください。なお、お問い合わせに関しましては以下のガイドラインを設けております。恐れ入りますが、ご質問の際は最初に下記ガイドラインをご確認ください。

ご質問の前に

小社Webサイトで「正誤表」をご確認ください。最新の正誤情報をサポートページに掲載しております。

本書サポートページ
https://isbn.sbcr.jp/99851/

上記ページの「サポート情報」より「正誤情報」をクリックしてください。なお、正誤情報がない場合は表示されていません。

ご質問の際の注意点

・ご質問はメール、または郵便など、必ず文書にてお願いいたします。お電話では承っておりません。

・ご質問は本書の記述に関することのみとさせていただいております。従いまして、○○ページの○○行目というように記述箇所をはっきりお書き添えください。記述箇所が明記されていない場合、ご質問を承れないことがございます。

・小社出版物の著作権は著者に帰属いたします。従いまして、ご質問に関する回答も基本的に著者に確認の上回答いたしております。これに伴い返信は数日ないしそれ以上かかる場合がございます。あらかじめご了承ください。

ご質問送付先

ご質問については下記のいずれかの方法をご利用ください。

Webページより

本書サポートページの「お問い合わせ」→「書籍の内容について」をクリックするとフォームが開きます。要綱に従って質問内容を記入の上、送信ボタンを押してください。

郵送

郵送の場合は下記までお願いいたします。

〒106-0032
東京都港区六本木2-4-5
SBクリエイティブ　読者サポート係

■本書内に記載されている会社名、商品名、製品名などは一般に各社の登録商標または商標です。本書中では®、™マークは明記しておりません。

■本書の出版にあたっては正確な記述に努めましたが、本書の内容に基づく運用結果について、著者およびSBクリエイティブ株式会社は一切の責任を負いかねますのでご了承ください。

©2019 Takahiro Kagami　本書の内容は著作権法上の保護を受けています。著作権者・出版権者の文書による許諾を得ずに、本書の一部または全部を無断で複写・複製・転載することは禁じられております。

まえがき

この本を手に取ってくださった皆様、ありがとうございます。加々美高浩です。

私がこのような本を出版できるとは思ってもいなかったので、何とも不思議な気持ちではあります。私の場合、骨格から…筋肉、腱、骨などの構造をきっちりと計算して手を描いているわけではありません。ある程度は把握しているとはいえ、表層的に見える部分を重視して"見栄え優先"で描いているので、手の作画技法的な本は書けないと思っていました。しかし、この本は「加々美高浩ならではの手の表現法」がコンセプトだったので、それなら描けるかなと思い本書の執筆に至りました。

つまり本書は「美術解剖学的見地から解説する手の作画技法」ではなく「見栄え優先で描く加々美高浩流の手の描き方」といえる内容になっています。

手は構成するパーツも多く、見た目の形状も状況に応じて極端に変化するため、体の中でも非常に描くのが難しく面倒な部位だと思います。30年以上画を描いてきた私も、手を描くときはいまだに自分の手を鏡に映したり、参考になる資料を見ながら描いています（たまに再現できない変な曲がり方をさせることもありますが）。手を手前に伸ばす、指さし、拳を握るetc……、人物のポーズや演技をつけるとき、手の描写（厳密に言うと腕まで含みます）はとても重要なポイントになり、さらには見せ方で喜び、怒り、悲しみなどの感情や個人の性格の違いも表現できると考えているからです。手は"人物を表現"する上で重要で便利で面白い部位だと思います。

本書では、そんな難しい手をなるべくシンプルな方法で描けるように、3つのアタリを使った描き方を解説しています。そして、手を描くときに悩みがちなシワや立体感の出し方など、描き方の基本から、魅力的な画作りのための演出（ポーズ）のつけ方までをまとめています。まずは自分が描けそうなところからチャレンジしてみてください。

さらに実例ポーズ集では、多くのポーズを描きました。たくさん模写して練習してみてください。

普段アニメの仕事のときは、着色した状態を想定するので、影を含めて描写を考えていますが、今回はなるべく手の形がわかりやすいように、線画のみで解説をしています。

人同士が対面するとまず視線は顔に向かうそうです。そして身体を服で覆って生活する状況下で、露出している部位は顔と「手」です。この二つをあわせて考えると、しっかり見ていないにしても無意識に「手」にも視線が向かっているのかもしれません。だから顔と同様に手もしっかり描写すれば（無意識にでも）普段自分たちが見ている人物の姿に近づけられるのではないか？ いつの頃からかは覚えていませんが、私はそんな手の面白さや重要性を無意識の内に重んじるようになっていました。そして仕事を続ける中でその思いは確信となり、今に至ります。

皆さんがこの本を手にしてくださったということは、同じように「手の魅力」に気づいたからではないかと思っています。

本書は私の描ける範囲での描き方を記したので、これを読んで完全無敵な手が描けるとは限りませんが、少しでも魅力的な画が描ける手助けになれば良いなと思います。

加々美 高浩

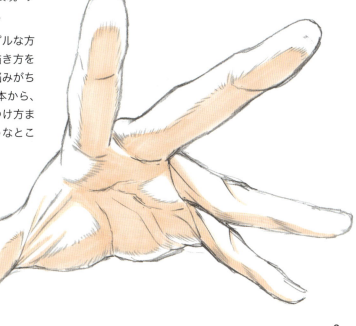

本書の使い方

本書の構成

本書は、アニメーター加々美高浩の、「手」の描き方を解説しています。仕事で培ってきた技術や知識をたっぷりと詰め込んだ1冊です。今回は、パースを強調したような迫力ある描き方よりは、どんなシーンでも使いやすい手の描き方を中心に解説しています。

CHAPTER 1　基本の描き方
基本的な手の描き方や、曲線直線の使い分け、年代や性別による描き分けなどを順を追って解説します。まずは、3種類のアタリの描き方から学んでみてください。

CHAPTER2　演出の技術
手のポーズのつけ方や、迫力の出し方など、演出方法を解説します。

CHAPTER3　実例ポーズ集
アニメやマンガなどで良く出てくるポーズや、描くのが難しいポーズなどさまざまなシーンで使えるポーズをたくさんご用意しました。

巻末特典として、実際の仕事で使ったテクニックを『絶対可憐チルドレン』を例に紹介する「プロの現場」。親交の深いアニメ監督の内海紘子さん、アニメーターの蛯名秀和さんとの「アニメーター座談会」を収録。また、加々美高浩ディレクションによる「手のポーズ写真素材集」もあります。

特典データについて

本書には2つのダウンロード特典がついています。解説動画は動画再生ページにアクセスすることですぐに観ることができます。利用方法はp.142をご確認ください。

特典1　解説動画

特典2　手のポーズ写真素材

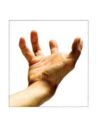  

模写について

本書では模写を歓迎しています。CHAPTER1～3の手イラストの模写はTwitterやInstagramなどのSNSに公開していただいて構いません。公開される際は本書のイラストを模写されたことの明記をお願い致します。特にCHAPTER3のイラストは模写の練習に向いています。ぜひご活用ください。

ページの構成

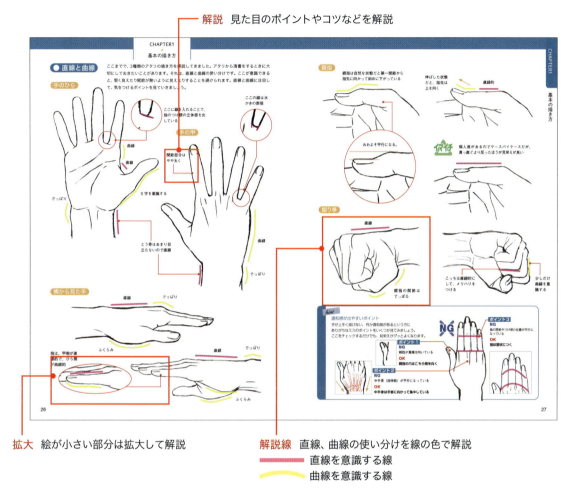

解説　見た目のポイントやコツなどを解説

拡大　絵が小さい部分は拡大して解説

解説線　直線、曲線の使い分けを線の色で解説
　直線を意識する線
　曲線を意識する線

マークの読み方

クリップマーク
普段、描くときに考えていることや、気をつけている箇所などの補足コメントをまとめています。

ヒントマーク
本文の解説の他に、役立つ描き方やテクニックを紹介しています。

コラムマーク
手の描き方に関する小ネタや、描き方のパターンを解説しています。

OK：良い例や、NG例を改善した例
NG：見栄えがあまり良くない例
イマイチ：間違ってはいないけれど、もっと良くなる例

CONTENTS

はじめに　…………………………………3

本書の使い方　……………………………4

CHAPTER1　基本の描き方　　9

手の基本…………………………　10

手を描いてみよう…………………　18

甲の骨と筋…………………………　28

指の形………………………………　30

シワ…………………………………　32

立体感………………………………　36

男女の違い…………………………　38

年齢の違い…………………………　42

サイズの違い………………………　48

絵柄の違い…………………………　50

STEP UP!　イマイチな例 ……　53

CHAPTER2　演出の技術　　57

演出をつける………………………　58

自然な手の表現……………………　60

力を入れたときの表現………　62

迫力を出す表現……………………　68

柔らかさの表現……………………　72

感情の表現…………………………　74

STEP UP!　影の表現 …………　76

CHAPTER3　実例ポーズ集　79

基本のポーズ……………… 80
パー …………………………… 80
グー …………………………… 81
チョキ ………………………… 82
腕側から見たポーズ ………… 83
指さし ………………………… 84

何気ない仕草………………… 86
腕を組む ……………………… 86
腰に手をあてる ……………… 88
頬杖をつく …………………… 89

手を絡める…………………… 90
手を組む ……………………… 90
祈る …………………………… 92
手を重ねる …………………… 93

日常生活のポーズ…………… 94
寝起き ………………………… 94
顔を洗う ……………………… 95
勉強をする …………………… 96
本を読む ……………………… 96
車の運転 ……………………… 97
タバコを吸う ………………… 97

服を着る……………………… 98
眼鏡 …………………………… 98
帽子 …………………………… 99
ジャケット …………………… 100
萌袖 …………………………… 100
ポケット ……………………… 100

食事シーン……………………… 102

箸を使う …………………… 102
茶碗を持つ ………………… 102
カトラリー ………………… 103
グラス ……………………… 104
マグカップ ………………… 104

物を持つ………………………… 106

スマホを持つ ……………… 106
カードを持つ ……………… 107
棒を持つ …………………… 108

アクション…………………… 110

パンチ ……………………… 110
チョップ …………………… 111
構え ………………………… 111
応戦する …………………… 112
ビンタ ……………………… 113

武器…………………………… 114

銃 …………………………… 114
日本刀 ……………………… 116
ナイフ ……………………… 117
棒術 ………………………… 118

楽器…………………………… 120

ギター ……………………… 120
ドラム ……………………… 122
ピアノ ……………………… 123
ボーカル …………………… 123

ビジネスシーン……………… 124

ネクタイ …………………… 124
マウス ……………………… 125
キーボード ………………… 125

2人のポーズ………………… 126

握手 ………………………… 126
手を繋ぐ …………………… 126
腕を掴む …………………… 126
エスコート ………………… 127
ハート ……………………… 127
押さえつける ……………… 127

巻末特典

プロの現場 ………………… 128
アニメーター座談会 ……… 130
手のポーズ写真素材集 …… 134

CHAPTER 1

基本の描き方

まずは手の形や性別、年齢の描き分けなどの基本の描き方を解説していきます。
手の描き方では、3種類のアタリの描き方を紹介しています。徐々にステップアップしていきますので、最初の「図形アタリ」から順に描き進めてみてください。

CHAPTER1
基本の描き方
手の基本

手を描く際に最初におさえておきたい、大きさやバランス、曲がる箇所、ブロックで考える方法を順番に見ていきましょう。

● 手のパーツ 　まずは、ポイントとなるパーツの名称や特徴を見ていきましょう。

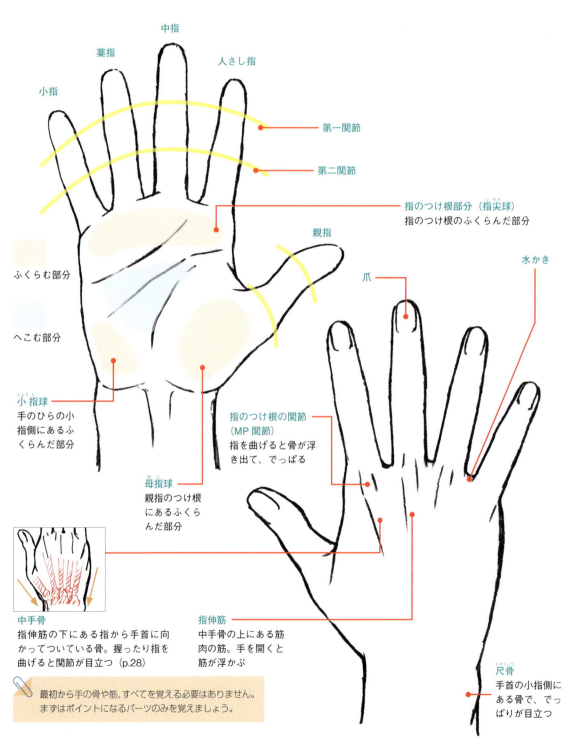

中指
薬指
人さし指
小指
第一関節
第二関節
指のつけ根部分（指尖球）
指のつけ根のふくらんだ部分
親指
爪
水かき
ふくらむ部分
へこむ部分
小指球
手のひらの小指側にあるふくらんだ部分
指のつけ根の関節（MP関節）
指を曲げると骨が浮き出て、でっぱる
母指球
親指のつけ根にあるふくらんだ部分
中手骨
指伸筋の下にある指から手首に向かってついている骨。握ったり指を曲げると関節が目立つ（p.28）
指伸筋
中手骨の上にある筋肉の筋。手を開くと筋が浮かぶ
尺骨
手首の小指側にある骨で、でっぱりが目立つ

📎 最初から手の骨や筋、すべてを覚える必要はありません。まずはポイントになるパーツのみを覚えましょう。

10

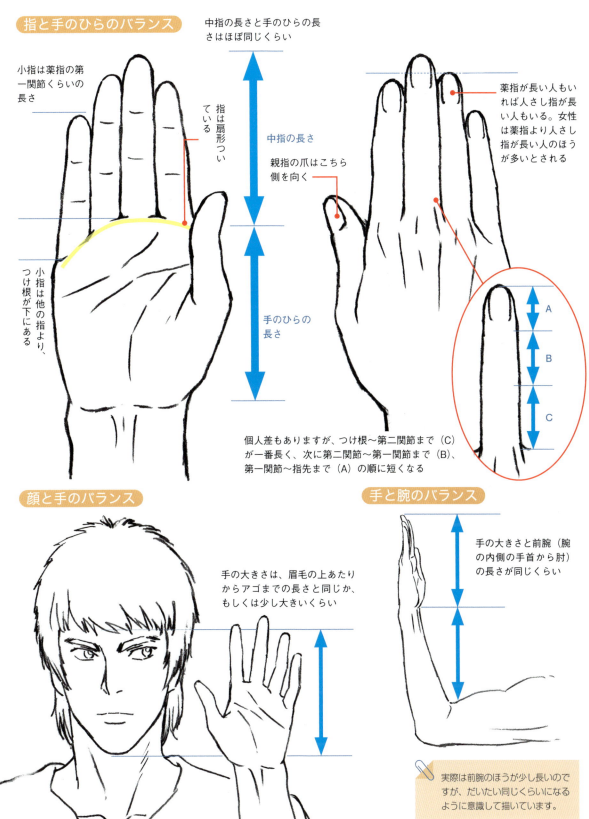

CHAPTER1
基本の描き方

● 曲がる場所

手にはたくさんの関節があり、曲がりかたもさまざまです。基本の曲げ方を見ながら、勘違いしやすい点を紹介します。

4本の指を曲げる

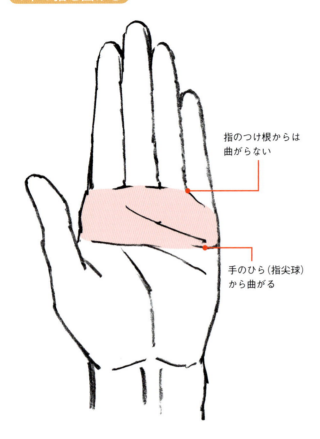

指のつけ根からは曲がらない

手のひら（指尖球）から曲がる

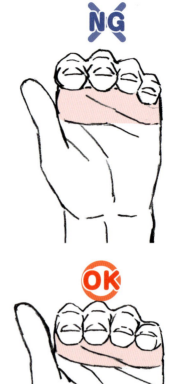

NG

OK

---

hint

手のひらの長さは違って見える

指を曲げたときと、のばしたときで長さが変わって見える理由は、横から見てみるとわかりやすくなります。

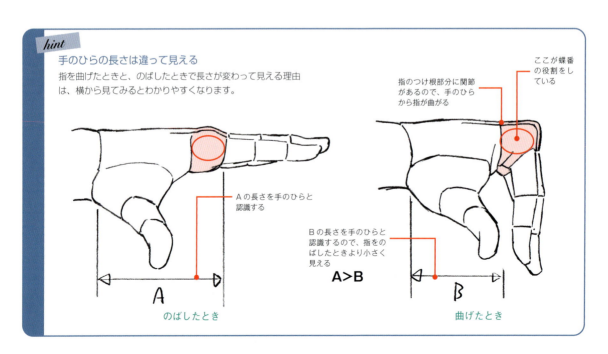

Aの長さを手のひらと認識する

Bの長さを手のひらと認識するので、指をのばしたときより小さく見える

A>B

のばしたとき　　　曲げたとき

ここが蝶番の役割をしている

指のつけ根部分に関節があるので、手のひらから指が曲がる

12

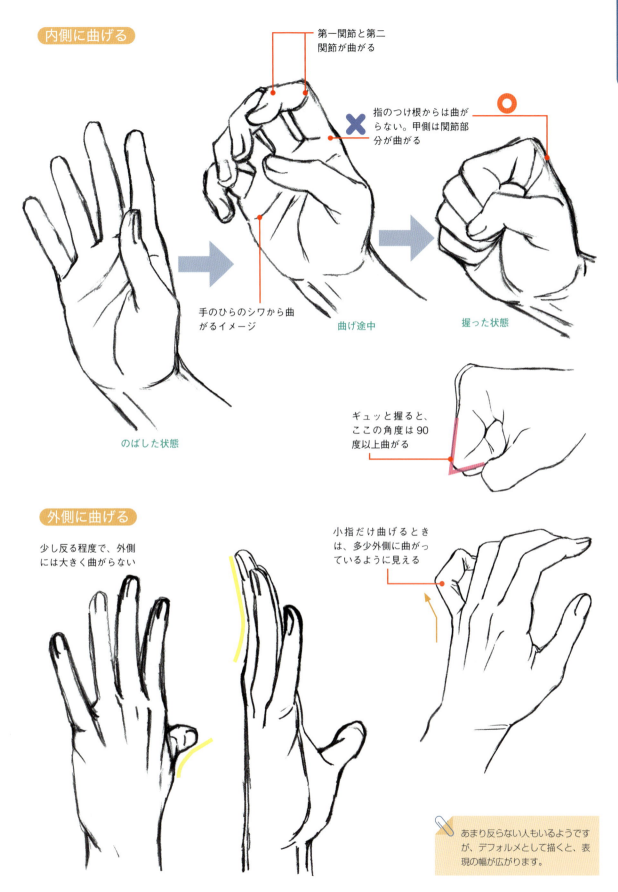

CHAPTER1
基本の描き方

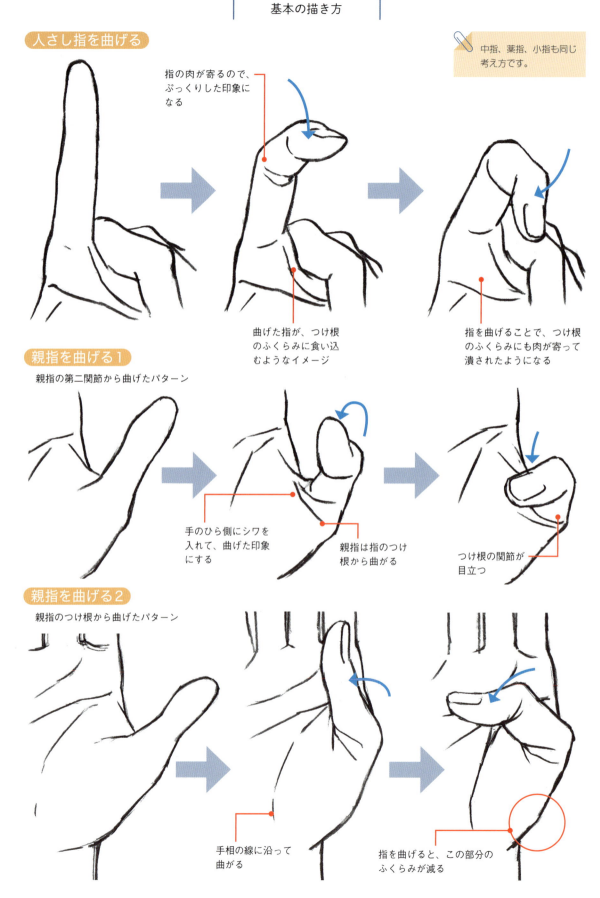

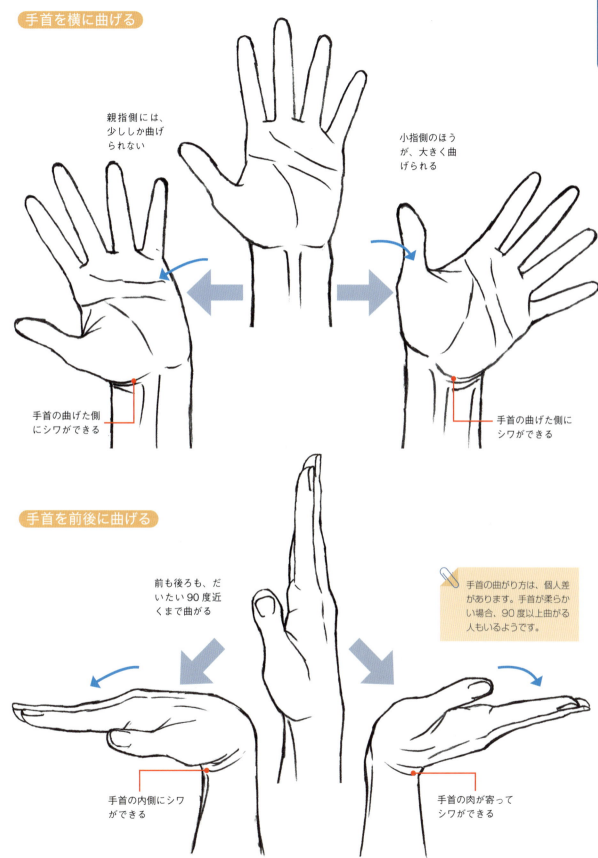

CHAPTER1
基本の描き方

● ブロックで考えよう

ブロックで考えることで、複雑なポーズもわかりやすくなります。角度によって、意識するブロックが異なるので、それぞれの角度から見てみましょう。

手のひら

指の関節、手のひらの手相の線に沿って分割したかたまり（ブロック）で考えます。

手の甲

手の甲は手のひらとは違ったブロックで考えています。

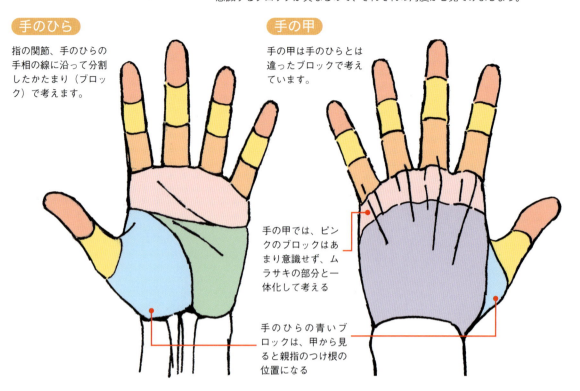

手の甲では、ピンクのブロックはあまり意識せず、ムラサキの部分と一体化して考える

手のひらの青いブロックは、甲から見ると親指のつけ根の位置になる

握り拳

握り拳のときは、甲側のオレンジとピンクのブロックを1つとして考える

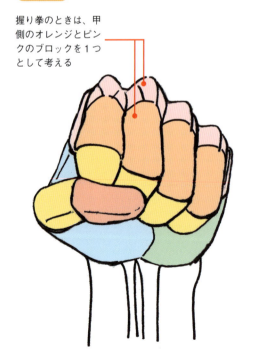

横から

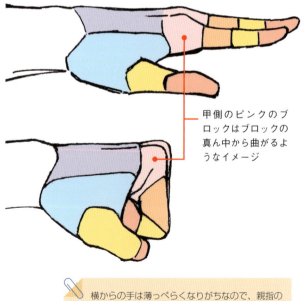

甲側のピンクのブロックはブロックの真ん中から曲がるようなイメージ

📎 横からの手は薄っぺらくなりがちなので、親指のつけ根（青のブロック）にボリュームを持たせたり、四本指のつけ根（ピンクのブロック）を意識することで厚みを出すようにしています。

● 動きをブロックで見てみよう

この後に出てくるアタリの描き方でも、ブロックを意識した描き方を使います。複雑なポーズのときは、まずはブロックで分けて考えてみましょう。

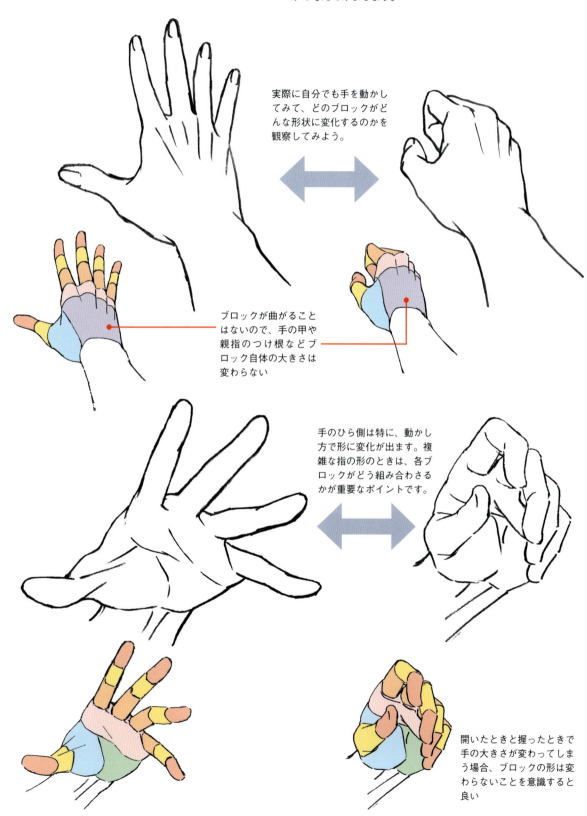

実際に自分でも手を動かしてみて、どのブロックがどんな形状に変化するのかを観察してみよう。

ブロックが曲がることはないので、手の甲や親指のつけ根などブロック自体の大きさは変わらない

手のひら側は特に、動かし方で形に変化が出ます。複雑な指の形のときは、各ブロックがどう組み合わさるかが重要なポイントです。

開いたときと握ったときで手の大きさが変わってしまう場合、ブロックの形は変わらないことを意識すると良い

CHAPTER1 基本の描き方

17

CHAPTER1
★
基本の描き方

手を描いてみよう

使いこなすことで、どんな複雑な手も描けるようになる、3つのアタリの取り方を解説していきます。

● 図形アタリ

指の長さなどの割合を参考に、パーツを四角形や三角形などの単純な図形として考える描き方を紹介します。単純な形で捉えるので、シンプルな手のポーズに向いています。本書では「図形アタリ」と呼びます。

手のひら

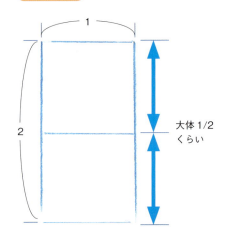

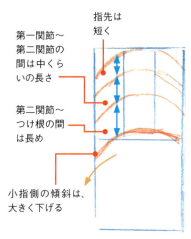

① 横：縦が1：2くらいの長方形を描き、大体半分くらいで、2つに分割します。

② 上部（指）は大体三等分くらいに分けます。

③ 指先、第一関節、第二関節、指のつけ根部分に、扇状にアタリを描き込みます。

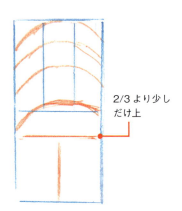
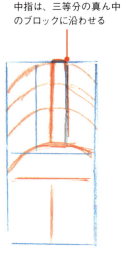
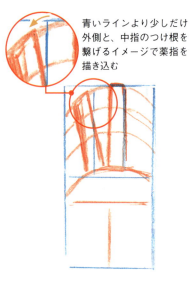

④ 手のひら部分には、「T字」のアタリを入れます。

⑤ 真ん中のブロックの右側に沿う形で、3等分のアタリの半分くらいにして中指を描き込みます。

⑥ 左のブロックのアタリを目安に薬指を描き込みます。

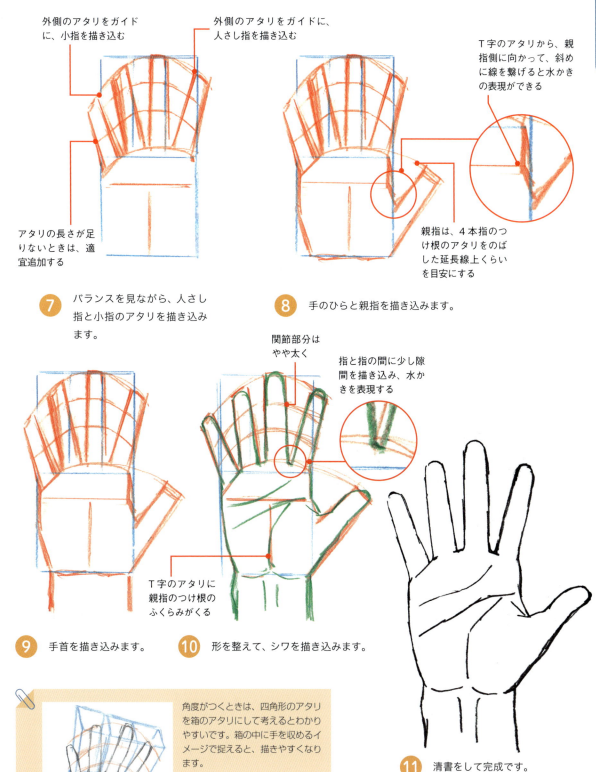

CHAPTER1
基本の描き方

握り拳

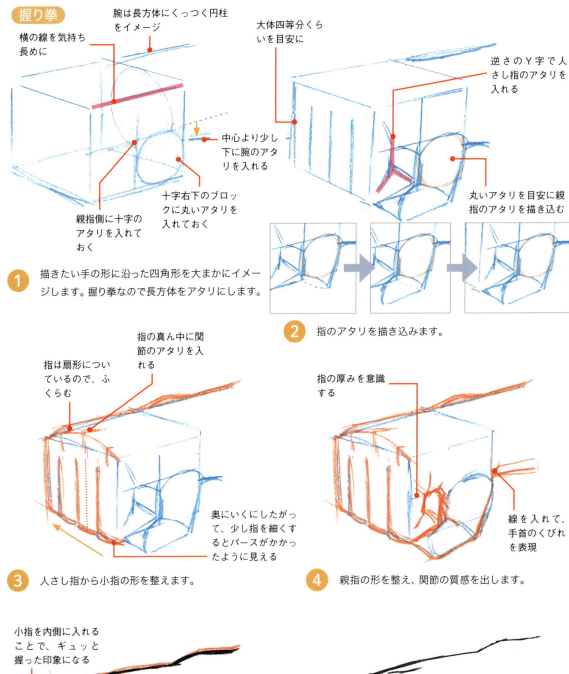

1 描きたい手の形に沿った四角形を大まかにイメージします。握り拳なので長方体をアタリにします。

2 指のアタリを描き込みます。

3 人さし指から小指の形を整えます。

4 親指の形を整え、関節の質感を出します。

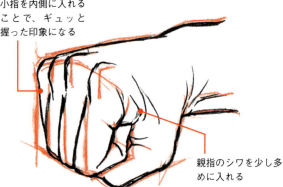

5 力の入った表現を追加して、全体の形を整えます。

6 清書をして完成です。

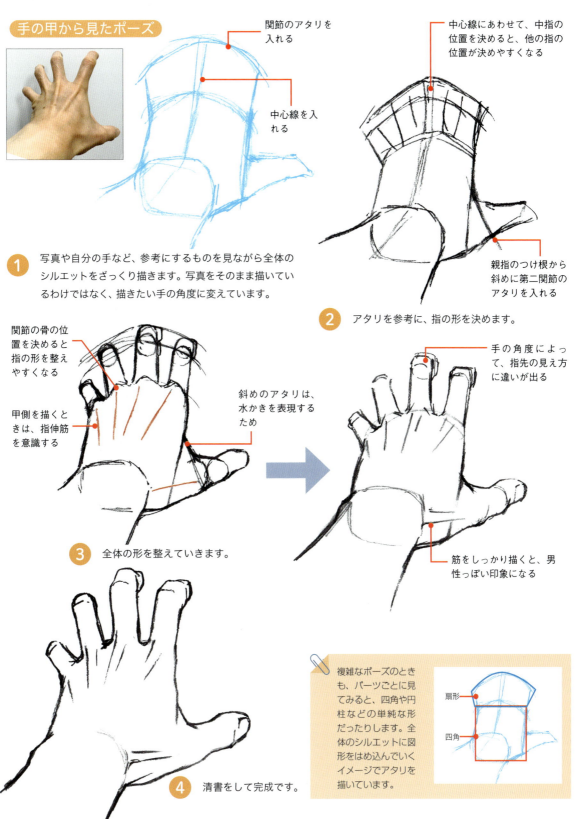

CHAPTER1
基本の描き方

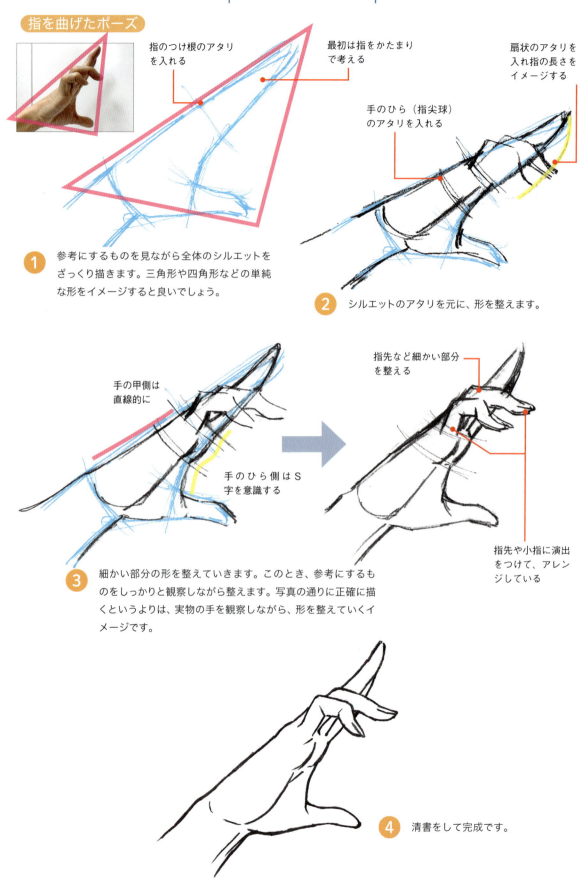

指を曲げたポーズ

① 参考にするものを見ながら全体のシルエットをざっくり描きます。三角形や四角形などの単純な形をイメージすると良いでしょう。

- 指のつけ根のアタリを入れる
- 最初は指をかたまりで考える
- 扇状のアタリを入れ指の長さをイメージする
- 手のひら（指尖球）のアタリを入れる

② シルエットのアタリを元に、形を整えます。

- 手の甲側は直線的に
- 手のひら側はS字を意識する
- 指先など細かい部分を整える
- 指先や小指に演出をつけて、アレンジしている

③ 細かい部分の形を整えていきます。このとき、参考にするものをしっかりと観察しながら整えます。写真の通りに正確に描くというよりは、実物の手を観察しながら、形を整えていくイメージです。

④ 清書をして完成です。

● **ブロックアタリ**

p.16で解説したブロックを使って、手をブロックで考えて描く方法を紹介します。奥行きのある角度や、指で隠れてしまう部分があるときはこの描き方が有効です。「シルエットアタリ」と組み合わせると効果的です。本書では「ブロックアタリ」と呼びます。

CHAPTER1 基本の描き方

奥行きのある角度のポーズ

手全体ではなく、ブロックごとに、立方体のように単純な形に置き換えて考えると奥行きがわかりやすくなる

指のつけ根や中心線などのアタリを入れておく

指のつけ根には丸でアタリを入れる

手のひらは立方体

① まずはシルエットで全体の形をとらえます。ここはシルエットアタリと同じです。

② シルエットのアタリをもとに、まずは手のひらからブロックごとに考えてパーツを組み合わせていきます。

指1本1本で大まかに形をつけておく。ここでは全体のシルエットがわかる程度でOK

❷で入れたアタリを目安に指を描く

指は円柱を3つ積み上げるようなイメージ

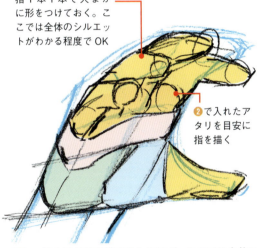

③ 指のアタリを描き込みますが、ここでは全体の形のみをざっくりと描き込みます。

④ 全体の形を整えていきます。

⑤ 清書をして完成です。

CHAPTER1
基本の描き方

> 見えないパーツがあるポーズ

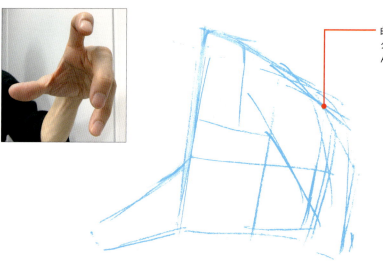

曲げた指のアタリも描き込んでおく

① まずはシルエットで全体の形をとらえます。曲げた指部分もざっくりと形を描き込んでおきます。

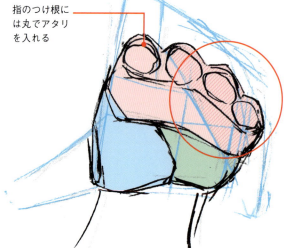

指のつけ根には丸でアタリを入れる

② 奥から手前にパーツを重ねていくイメージで、ブロックごとに描き込んでいきます。

③ 指で隠れていて見えない部分も描き込みます。

小指が見えるように、指の形をアレンジ

④ 小指と薬指を先に描き込みました。ここもチューブのような形を意識します。

24

CHAPTER1 基本の描き方

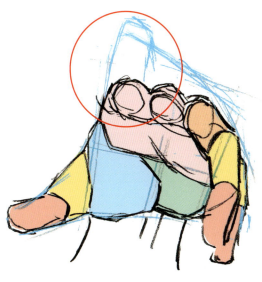

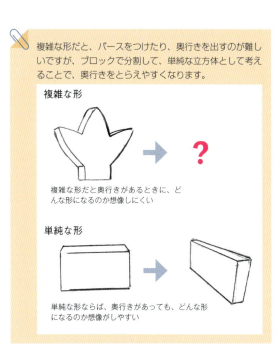

複雑な形だと、パースをつけたり、奥行きを出すのが難しいですが、ブロックで分割して、単純な立方体として考えることで、奥行きをとらえやすくなります。

複雑な形

複雑な形だと奥行きがあるときに、どんな形になるのか想像しにくい

単純な形

単純な形ならば、奥行きがあっても、どんな形になるのか想像がしやすい

⑤ 人さし指のアタリを、描き直しました。気になるところは直しながら描き進めます。

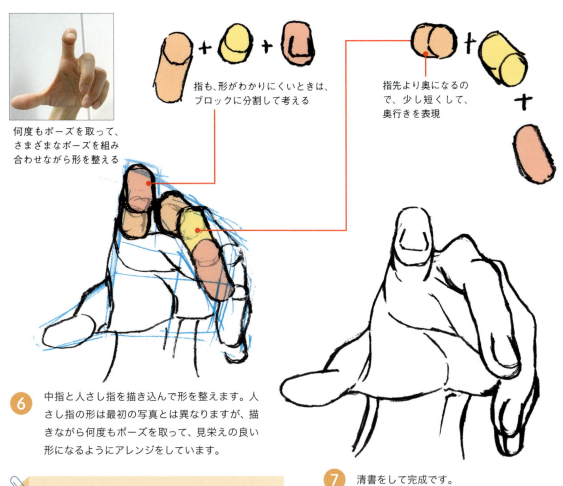

何度もポーズを取って、さまざまなポーズを組み合わせながら形を整える

指も、形がわかりにくいときは、ブロックに分割して考える

指先より奥になるので、少し短くして、奥行きを表現

⑥ 中指と人さし指を描き込んで形を整えます。人さし指の形は最初の写真とは異なりますが、描きながら何度もポーズを取って、見栄えの良い形になるようにアレンジをしています。

⑦ 清書をして完成です。

普段自分で描くときは、この3つのアタリを組み合わせて描いています。自分に合った描き方を見つけてみてください。

25

CHAPTER1
基本の描き方

● 直線と曲線

ここまでで、3種類のアタリの描き方を解説してきました。アタリから清書をするときに大切にしておきたいことがあります。それは、直線と曲線の使い分けです。ここが意識できると、堅く見えたり関節が無いように見えたりすることを避けられます。直線と曲線に注目して、気をつけるポイントを見ていきましょう。

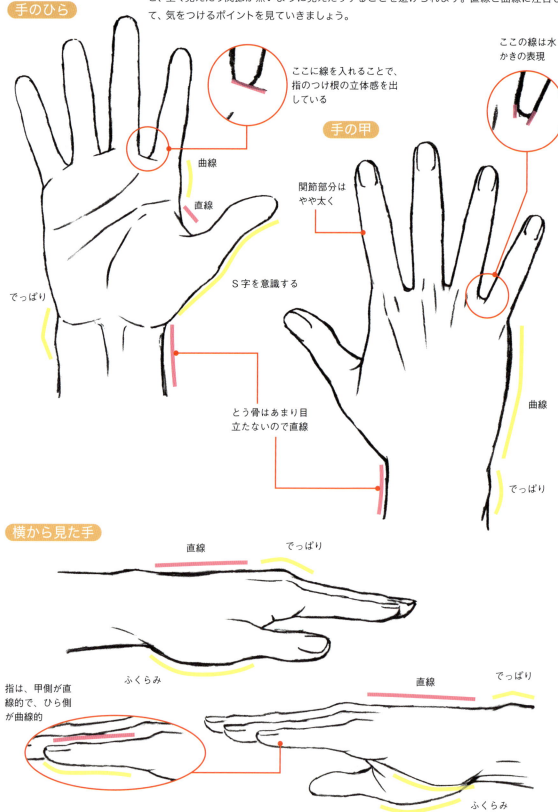

親指

親指は自然な状態だと第一関節から指先に向かって斜めに下がっている

伸ばした状態だと、指先は上を向く

直線的

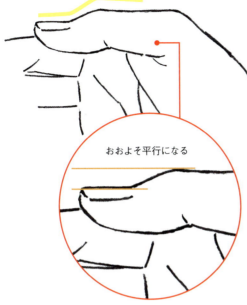

おおよそ平行になる

個人差があるのでケースバイケースだが、真っ直ぐより反ったほうが見栄えが良い

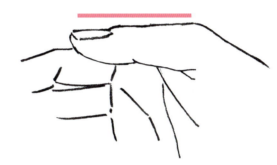

握り拳

直線

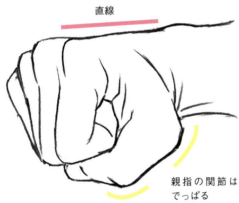

親指の関節はでっぱる

こっちは直線的にして、メリハリをつける

少しだけ曲線を意識する

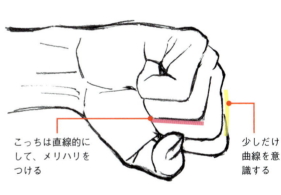

---

hint

違和感が出やすいポイント

手が上手く描けない、何か違和感があるという方にありがちなミスのポイントをいくつか見てみましょう。ここをチェックするだけでも、見栄えがグッとよくなります。

ポイント1
NG 親指が真横を向いている
OK 親指の爪はこちら側を向く

ポイント2
NG 中手骨（指伸筋）が平行になっている
OK 中手骨は手首に向かって集中している

ポイント3
NG 指の関節やつけ根の位置が平行になっている
OK 指は扇状につく

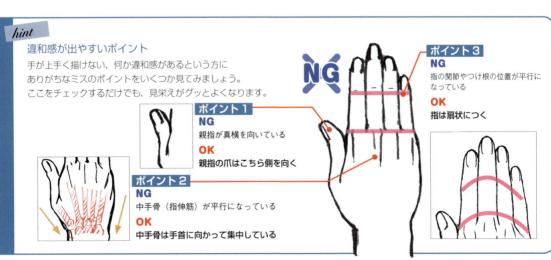

CHAPTER1 基本の描き方

CHAPTER1
基本の描き方

甲の骨と筋

手の甲は開いたときと曲げたときで表面の凹凸が変化します。ここをうまく描き分けると美しい手に見せられます。

● 骨と筋の影響

手の甲側の骨の上には筋（腱）が重なっています。開いたときと曲げたときで骨と腱の動きを見てみましょう。

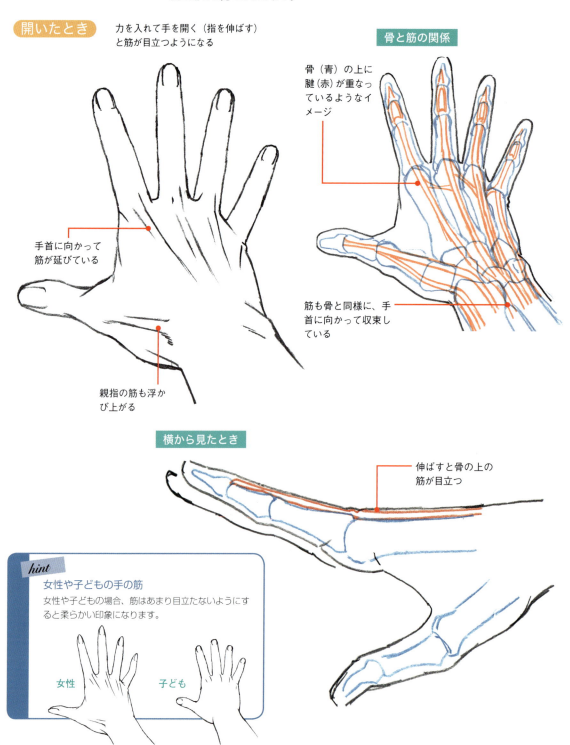

開いたとき 力を入れて手を開く（指を伸ばす）と筋が目立つようになる

手首に向かって筋が延びている

親指の筋も浮かび上がる

骨と筋の関係

骨（青）の上に腱（赤）が重なっているようなイメージ

筋も骨と同様に、手首に向かって収束している

横から見たとき

伸ばすと骨の上の筋が目立つ

hint
女性や子どもの手の筋
女性や子どもの場合、筋はあまり目立たないようにすると柔らかい印象になります。

女性　　子ども

曲げたとき
手を握ったときや、力を抜いて指を軽く曲げたときなどは中手骨が目立つ

骨と筋の関係

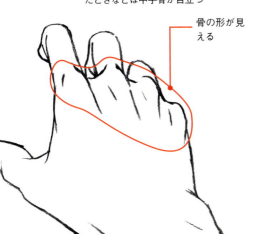
骨の形が見える

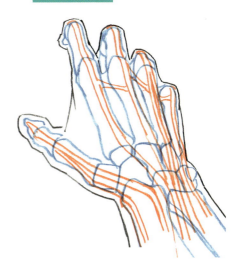

横から見たとき
曲げているときは関節の骨（関節）の形が見える

CHAPTER1 基本の描き方

Column　影で骨を表現しよう

影で骨の立体感を表現するときに、よく見るパターンを2つ紹介します。デザインのアレンジでどう描くかだと思っています。さまざまなパターンを知っておくことでアレンジの幅が広がります。

骨の丸みを意識したパターン
私がよく描くパターンです。骨の丸みを意識して影をつけます。

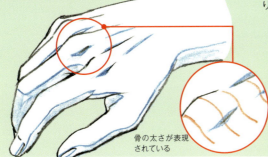
骨の太さが表現されている

筋を強調したパターン
骨よりも筋を強調したパターン。骨が薄い板に見えてしまうため、私はあまりやらない表現です。

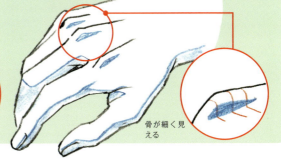
骨が細く見える

29

指の形

CHAPTER1
★
基本の描き方

指は単なる円柱ではなく、独特な形の断面をしています。アップのときはその形を意識することで、よりリアルな表現にできます。

● 指の太さ　　指を曲げると肉が内側に寄るので、指が少し太く見えます。

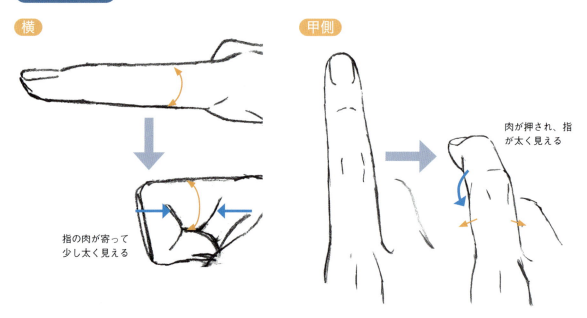

● 指の断面　　基本的な描き方のところでは、簡略化して円柱をイメージして描いていますが、アップのときのように詳細に描く場合は、少しだけ指の形を意識して描くことで、よりリアルな表現にできます。

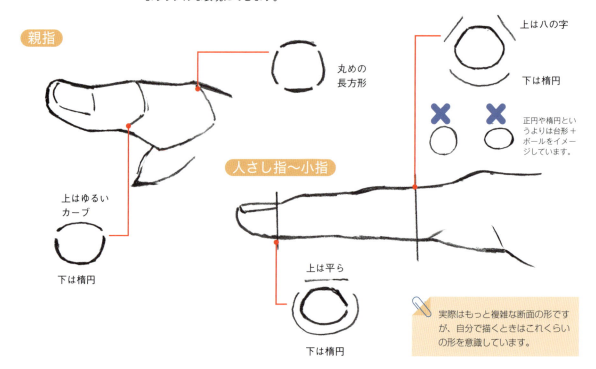

📎 実際はもっと複雑な断面の形ですが、自分で描くときはこれくらいの形を意識しています。

曲げた指

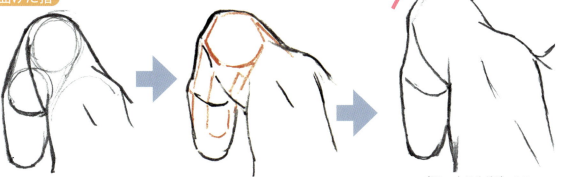

円柱を繋いだアタリだけでも描けるが…

断面の形を意識すると…

細かいところだが、ここを意識することでリアリティが増す

● 面を考える

さらに、指の断面の形に補助線を引いて面を意識してみると、指の形が詳細にわかります。直線になる部分やふくらみがわかりやすくなるので、アップのときにリアリティを増すことができます。

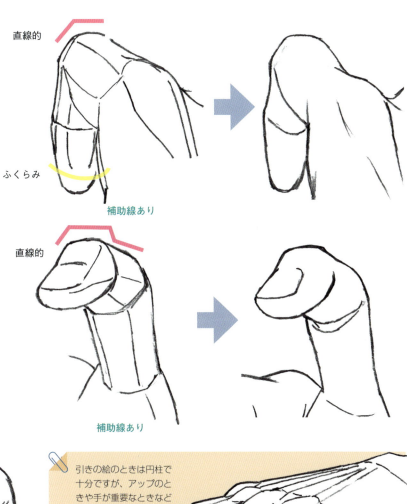

直線的

ふくらみ

補助線あり

直線的

補助線あり

女性の手の場合、男性より曲線的にする。あまりに面を意識しすぎると男性的な手になってしまうので注意

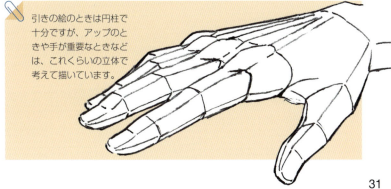

引きの絵のときは円柱で十分ですが、アップのときや手が重要なときなどは、これくらいの立体で考えて描いています。

CHAPTER1 基本の描き方

CHAPTER1 基本の描き方

シワ

シワは描きすぎると高齢に見え、描かないと立体感がなくなってしまいます。ここでは自然に見えるシワの入れ方を解説します。

● 立体感を表現するシワ

手のシワで表現できるのは、主に「立体感」「年齢」「力の入れ加減」の3つです。まずは、立体感を表現するためのシワについて解説していきます。

手のひらのシワ

手のひらのシワの入り方は個人差があるので、ここではブロックの境目に入る基本的なシワの入れ方を解説します。

小指側

シワの入れ方に迷ったときは、ブロックの境目に入れるようにします。

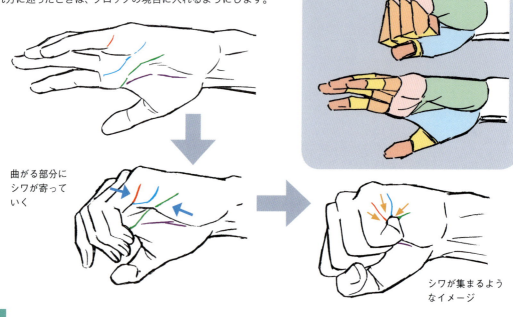

曲がる部分にシワが寄っていく

シワが集まるようなイメージ

親指側

親指側も、基本は小指側と同様に、ブロックの境目を目安にします。

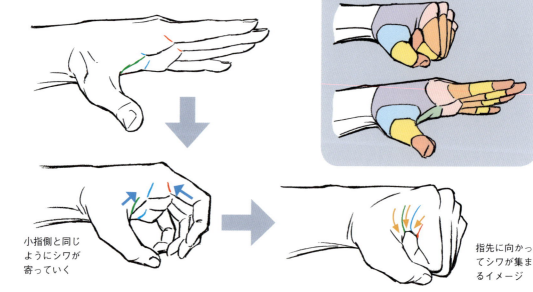

小指側と同じようにシワが寄っていく

指先に向かってシワが集まるイメージ

指のシワ

指を曲げると肉が寄って、ぷっくりとふくらんだ印象になり、その間にシワが入ります。引きの絵の場合はそこまで重要ではありませんが、手のアップのときには、シワと肉感までをセットで表現することで、よりリアリティを出すようにしています。

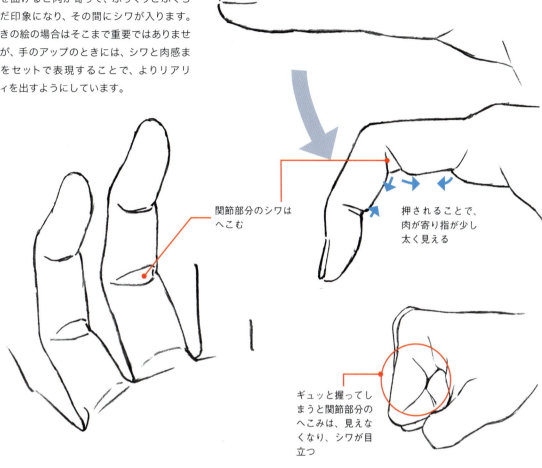

関節部分のシワはへこむ

押されることで、肉が寄り指が少し太く見える

ギュッと握ってしまうと関節部分のへこみは、見えなくなり、シワが目立つ

指のつけ根のシワ

指のつけ根は肉厚でふっくらとしています。また水かきがあるので、そこを表現することで、よりリアリティのある手のシワが描けます。

曲げたとき

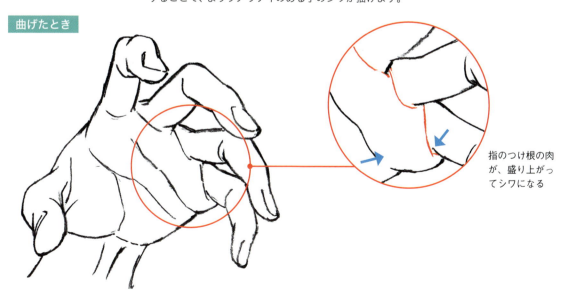

指のつけ根の肉が、盛り上がってシワになる

CHAPTER1
基本の描き方

伸ばしたとき

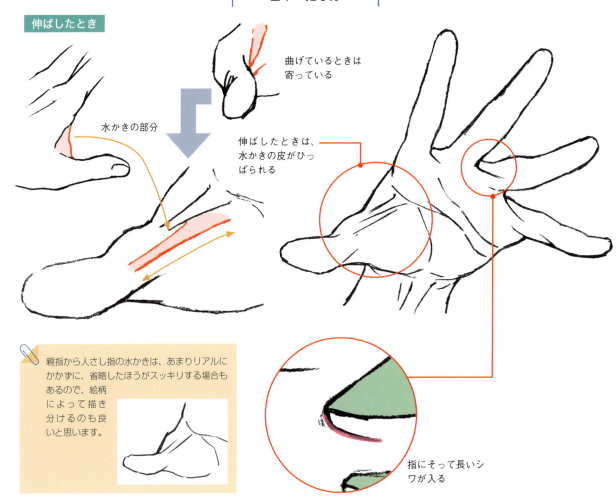

水かきの部分

曲げているときは寄っている

伸ばしたときは、水かきの皮がひっぱられる

指にそって長いシワが入る

親指から人さし指の水かきは、あまりリアルにかかずに、省略したほうがスッキリする場合もあるので、絵柄によって描き分けるのも良いと思います。

hint
水かきの表現

手を開いたときは少し長めのシワを入れて水かきを表現しています。甲側から手のひら側にのびているので、少し長めに描くようにしています。

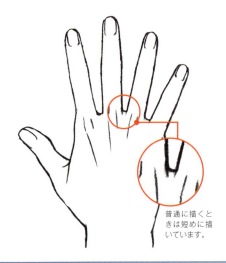

普通に描くときは短めに描いています。

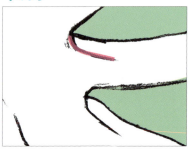

手のひら

手の甲側から手のひらのほうまでのびているので少し長め

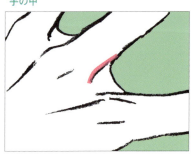

手の甲

甲側から見るとわかりやすい

長く描くとひっぱられているように見える

● 年齢を表現するシワ

同じ年齢の手で、普段の描き方の手と、リアルに描いた手を比較してみましょう。

リアリティを求めて関節や手相のシワをすべて描いてしまうと、老人のような手になってしまいます。年齢のシワについてはp.42でさらに詳しく解説します。

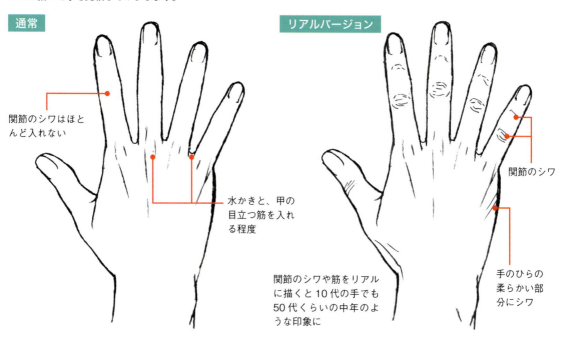

通常
- 関節のシワはほとんど入れない
- 水かきと、甲の目立つ筋を入れる程度

リアルバージョン
- 関節のシワ
- 手のひらの柔らかい部分にシワ
- 関節のシワや筋をリアルに描くと10代の手でも50代くらいの中年のような印象に

> 若い成人男女にも指の関節にシワはありますが、私の場合はほとんどシワは描いていません。関節のシワは、年齢差の描き分けとして使っています。

● 力を表現するシワ

若いキャラの手であっても、力を入れた手はシワを使って表現しています。力の入った手の表現についてはp.62でさらに詳しく解説します。

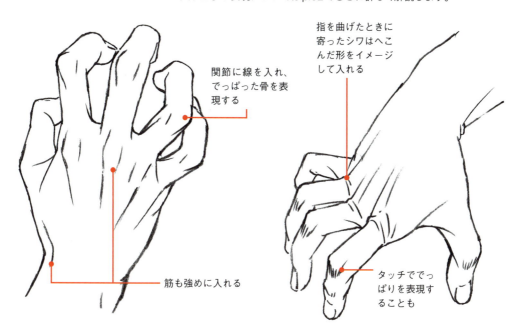

- 関節に線を入れ、でっぱった骨を表現する
- 筋も強めに入れる
- 指を曲げたときに寄ったシワはへこんだ形をイメージして入れる
- タッチででっぱりを表現することも

CHAPTER1
基本の描き方
立体感

薄っぺらく立体感が出ないという悩みをよく聞きます。ここでは、立体的に見せるためのシワとふくらみのポイントを紹介します。

● シワとふくらみの関係

p.10の「手のパーツ」で解説したように、手にはふくらんだ部分と、へこんだ部分があります。その凹凸を手のシワで表現することで立体的でふっくらとした手を描くことができます。

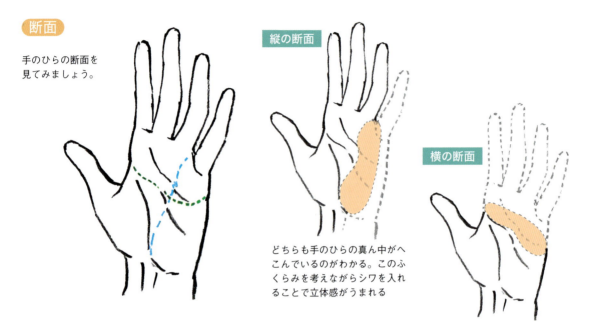

NG例とOK例

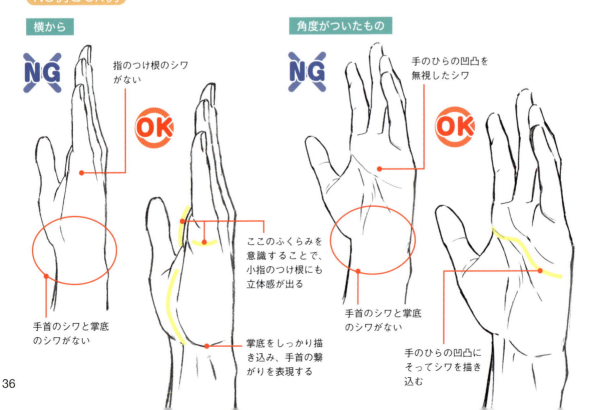

● 握ったときの立体感

手を握ったときは、小指のつけ根の厚みに注意しましょう。

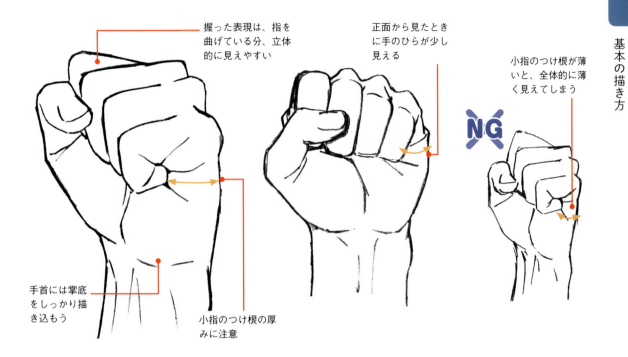

● 角度がついたときの立体感

腕側から見たときのように複雑に思える角度でも、手のひらの凹凸や、小指のつけ根の厚さを意識してシワを入れることで立体感が増します。

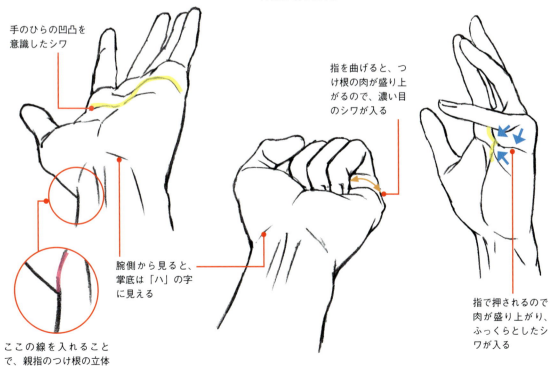

男女の違い

CHAPTER1　基本の描き方

体格や骨格だけでなく、手にも男女の違いが表れます。体と同じように男性は四角、女性は丸を意識して描いてみましょう。

● **手の形の比較**　男性は直線的にとらえ、力強さやたくましさなどをイメージしています。女性は曲線的にとらえ、柔らかさやしなやかさを重視して描いています。

手の印象

男性　力強さ　たくましさ　直線や四角のイメージ

女性　柔らかさ　しなやかさ　曲線や丸のイメージ

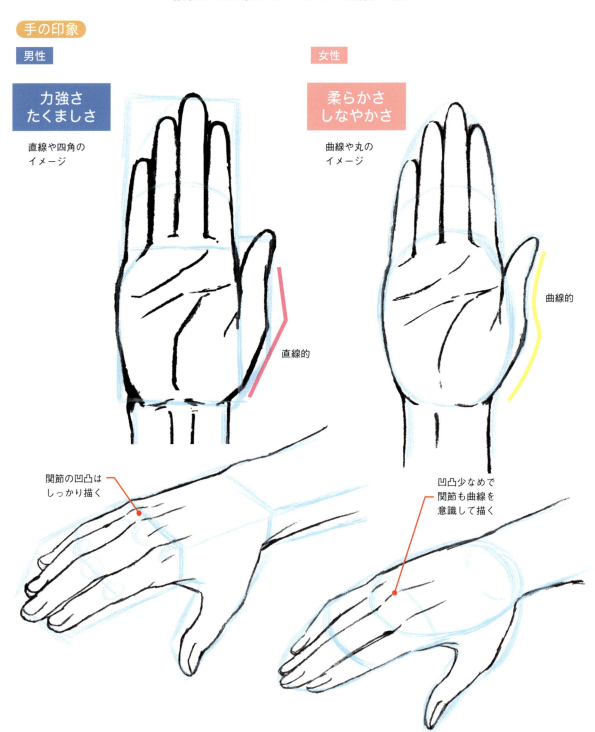

直線的

曲線的

関節の凹凸はしっかり描く

凹凸少なめで関節も曲線を意識して描く

CHAPTER1 基本の描き方

指の形

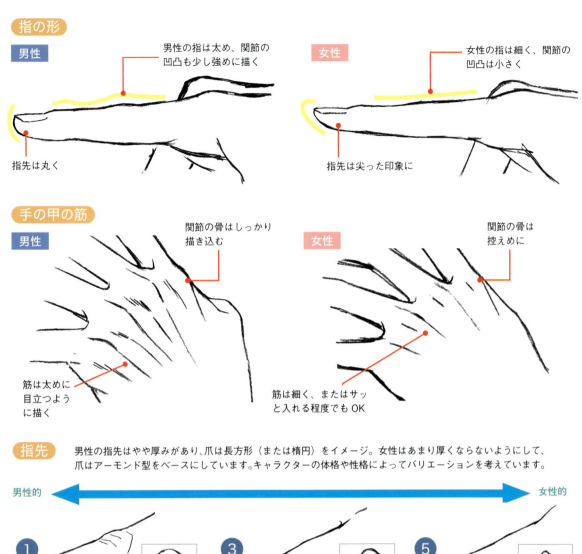

男性 — 男性の指は太め、関節の凹凸も少し強めに描く / 指先は丸く

女性 — 女性の指は細く、関節の凹凸は小さく / 指先は尖った印象に

手の甲の筋

男性 — 関節の骨はしっかり描き込む / 筋は太めに目立つように描く

女性 — 関節の骨は控えめに / 筋は細く、またはサッと入れる程度でもOK

指先

男性の指先はやや厚みがあり、爪は長方形（または楕円）をイメージ。女性はあまり厚くならないようにして、爪はアーモンド型をベースにしています。キャラクターの体格や性格によってバリエーションを考えています。

男性的 ←——————————————→ 女性的

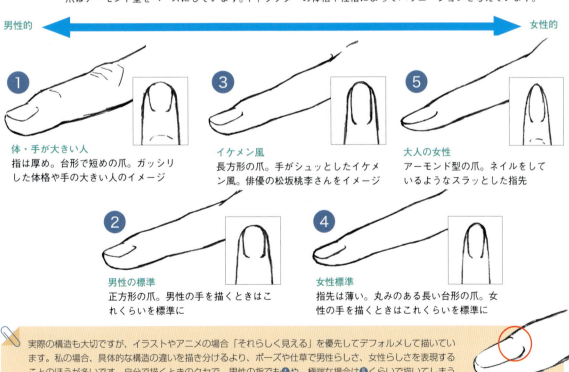

❶ 体・手が大きい人
指は厚め。台形で短めの爪。ガッシリした体格や手の大きい人のイメージ

❷ 男性の標準
正方形の爪。男性の手を描くときはこれくらいを標準に

❸ イケメン風
長方形の爪。手がシュッとしたイケメン風。俳優の松坂桃李さんをイメージ

❹ 女性標準
指先は薄い。丸みのある長い台形の爪。女性の手を描くときはこれくらいを標準に

❺ 大人の女性
アーモンド型の爪。ネイルをしているようなスラッとした指先

📎 実際の構造も大切ですが、イラストやアニメの場合「それらしく見える」を優先してデフォルメして描いています。私の場合、具体的な構造の違いを描き分けるより、ポーズや仕草で男性らしさ、女性らしさを表現することのほうが多いです。自分で描くときのクセで、男性の指でも❹や、極端な場合は❺くらいで描いてしまうこともあります。特に勢いで描けるこの2つの表現はスケジュールがない急ぎのときにはよく使っています。

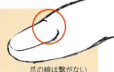

爪の線は繋がない

CHAPTER1
基本の描き方

● 男性の手　前ページでも比較しましたが、男性は四角をイメージしています。直線的な線で描いたり、関節の凹凸をしっかり描き込むと男性らしいゴツゴツとした手になります。

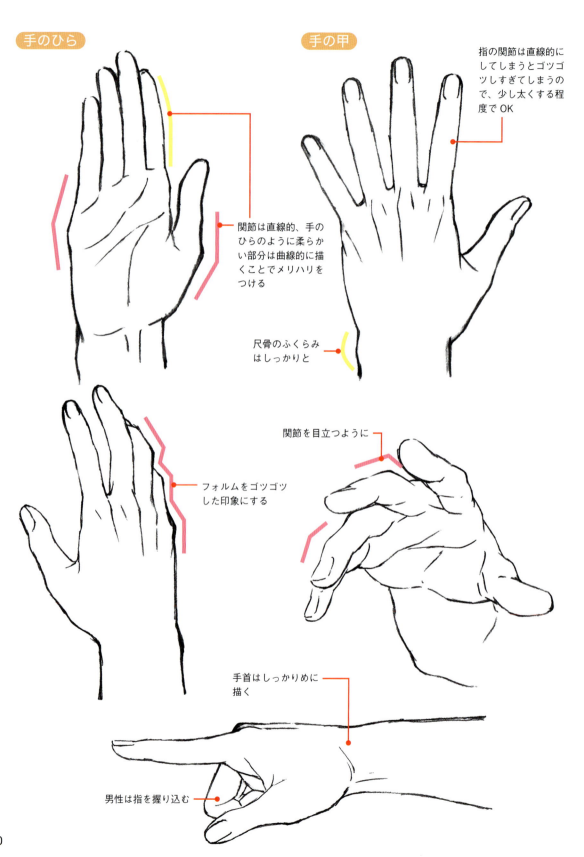

手のひら

手の甲

指の関節は直線的にしてしまうとゴツゴツしすぎてしまうので、少し太くする程度でOK

関節は直線的、手のひらのように柔らかい部分は曲線的に描くことでメリハリをつける

尺骨のふくらみはしっかりと

フォルムをゴツゴツした印象にする

関節を目立つように

手首はしっかりめに描く

男性は指を握り込む

● 女性の手

女性は丸をイメージしています。曲線的なラインにしつつ、関節はあまり目立たせないようにすることで、女性らしさを表現します。手を揃えたり、小指に演出をつけたりと、仕草で女性らしさを強調して描いています。

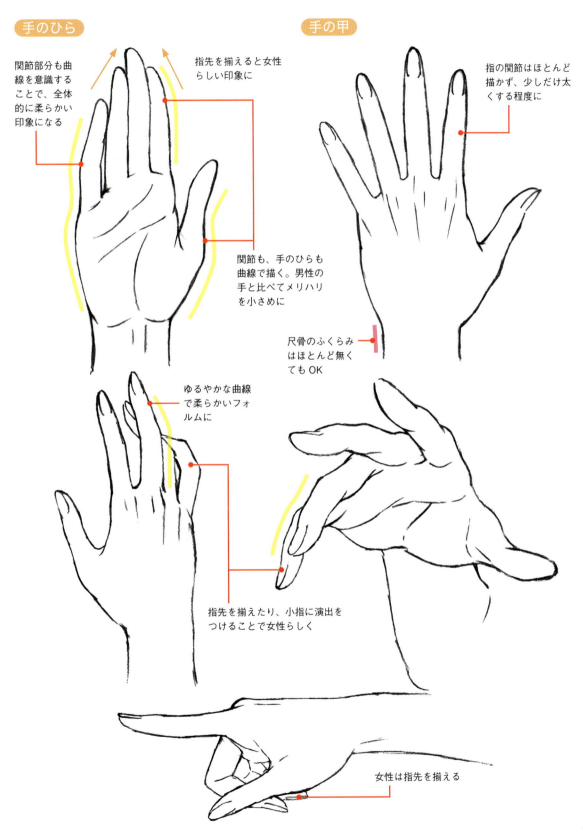

手のひら

- 関節部分も曲線を意識することで、全体的に柔らかい印象になる
- 指先を揃えると女性らしい印象に
- 関節も、手のひらも曲線で描く。男性の手と比べてメリハリを小さめに

手の甲

- 指の関節はほとんど描かず、少しだけ太くする程度に
- 尺骨のふくらみはほとんど無くてもOK
- ゆるやかな曲線で柔らかいフォルムに
- 指先を揃えたり、小指に演出をつけることで女性らしく
- 女性は指先を揃える

CHAPTER1
基本の描き方

年齢の違い

高齢になると、脂肪が減り、皮がたるんでいきます。関節も目立つようになり男女問わずやや骨張った印象になります。

● 男性の手で比較　　男性の手を例に、20代〜30代くらいの手と、60代以上の手を比較してみましょう。

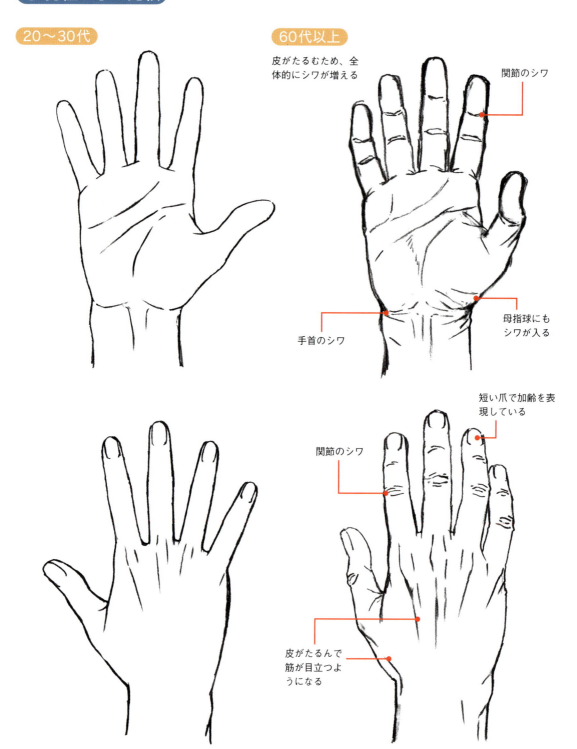

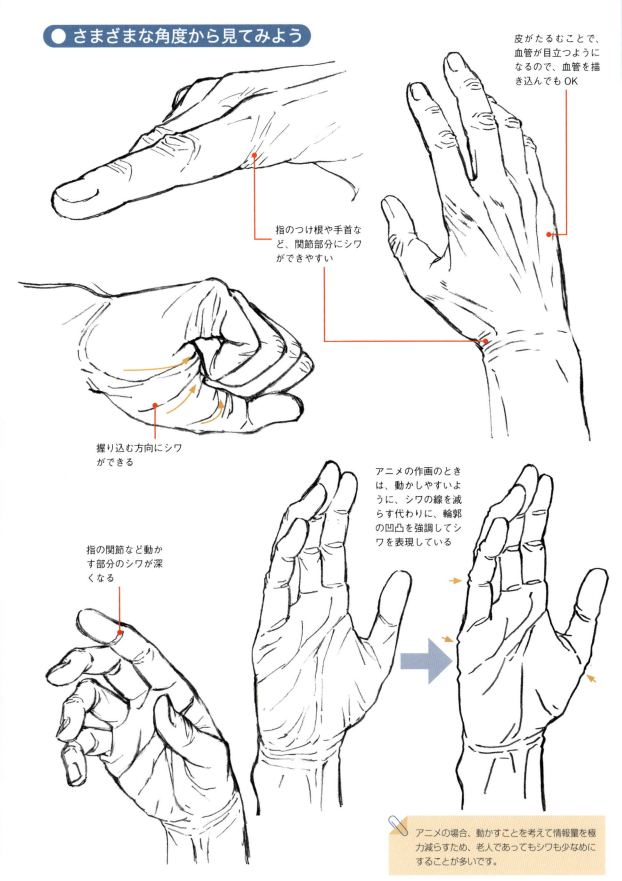

CHAPTER1
基本の描き方

● 赤ちゃんの手

赤ちゃんの手は肉づきがよく、ぷっくりとしています。関節には肉がつきにくいため、ボンレスハムのような形状になります。ここでは1、2歳くらいの手をイメージして描いています。

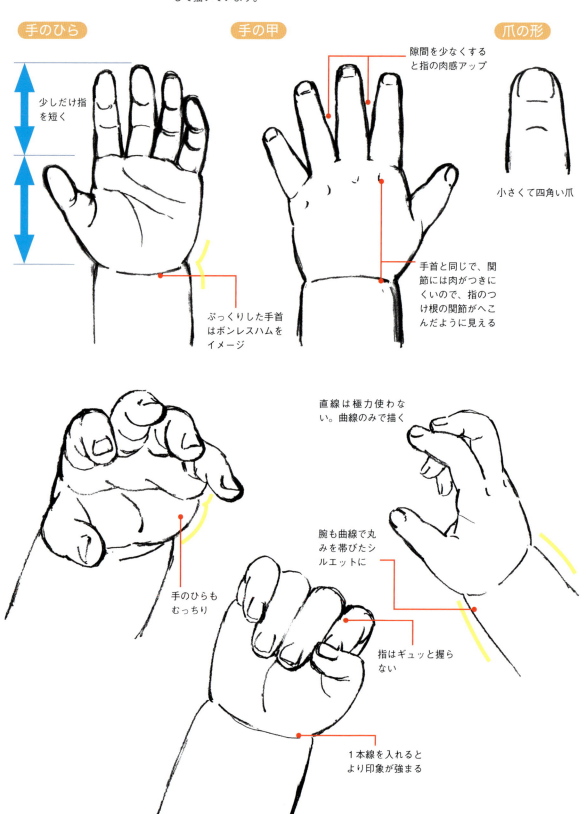

● 子どもの手

赤ちゃんほどむっちりとしていないが、大人ほど凹凸がしっかりしているわけでもないふっくらとした手です。ここでは10歳くらいをイメージして描いています。男女の描き分けはほとんどしません。

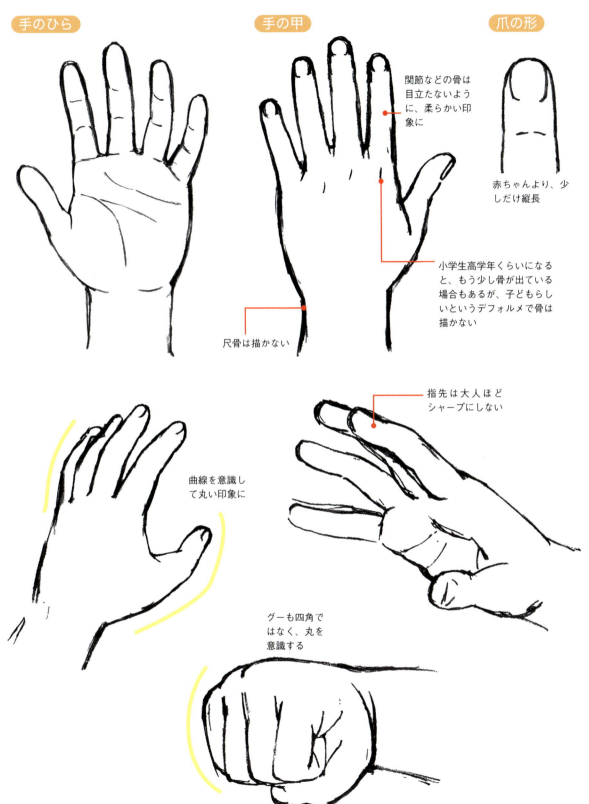

手のひら

手の甲

爪の形

関節などの骨は目立たないように、柔らかい印象に

赤ちゃんより、少しだけ縦長

尺骨は描かない

小学生高学年くらいになると、もう少し骨が出ている場合もあるが、子どもらしいというデフォルメで骨は描かない

指先は大人ほどシャープにしない

曲線を意識して丸い印象に

グーも四角ではなく、丸を意識する

CHAPTER1 基本の描き方

CHAPTER1
基本の描き方

● 高齢女性の手

老人の場合も、普段はあまり男女の描き分けは意識していません。シワも男女とも同じように入れています。多少指を細くしたり、女性らしい仕草を意識する程度です。

手のひら

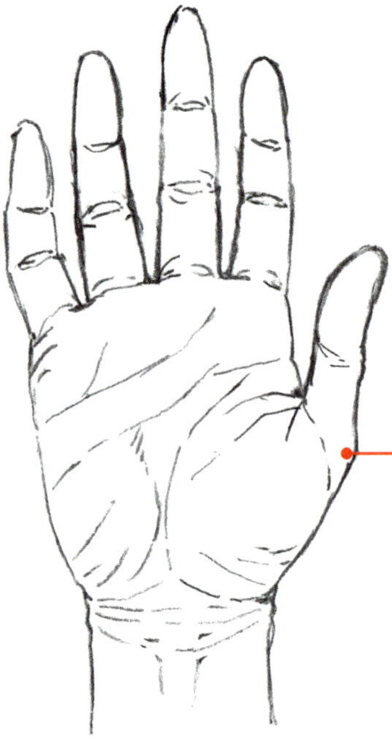

手の甲

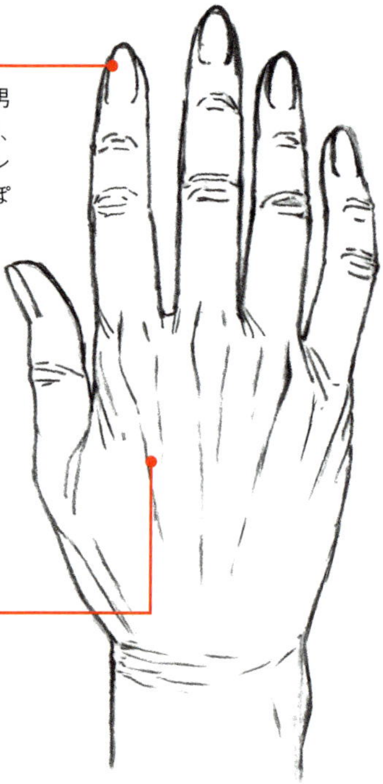

シワを入れる場所は男女ともに同じなので、指先（爪）をアーモンド型にして、女性っぽさを出した

脂肪が落ち、皮がたるんでくるので、女性でも関節や筋を目立つように

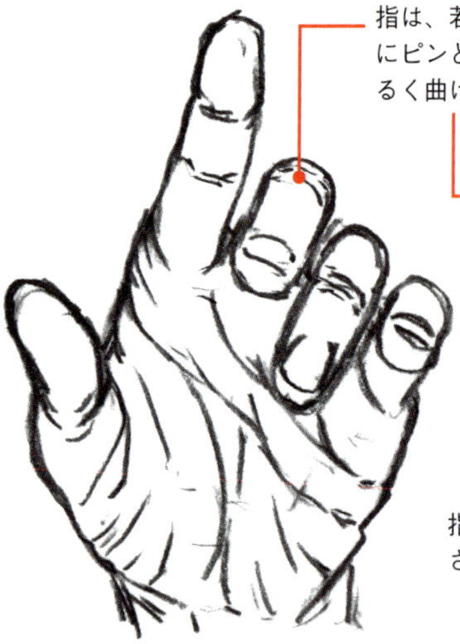

指は、若い女性のようにピンとのばさず、ゆるく曲げる

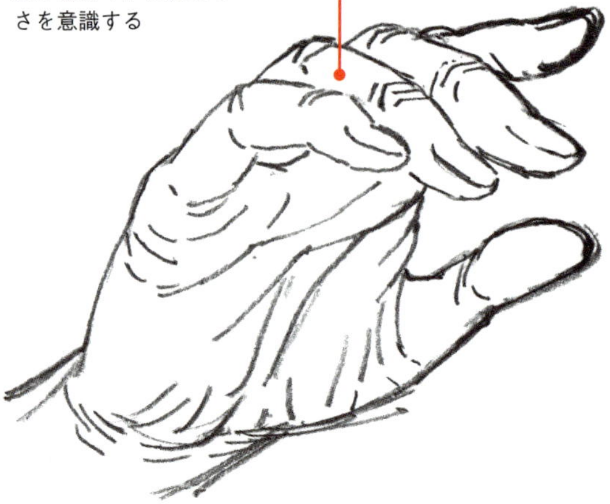

指は揃えて、女性らしさを意識する

普段は男性との描き分けはほとんどしませんが、ここではわかりやすいように仕草を女性らしくなるように描きました。

46

Column 太めの手は赤ちゃんに似ている？

力士やプロレスラーなど太めな体型の場合、手にも肉がつき、ふっくらとした丸い手になります。赤ちゃんや子どもの手もふっくらと丸みを帯びた形をしていて、太めの手とよく似ています。太め体型の手を描くときは、赤ちゃんや子どもの手と同じように描くとそれらしくなります。

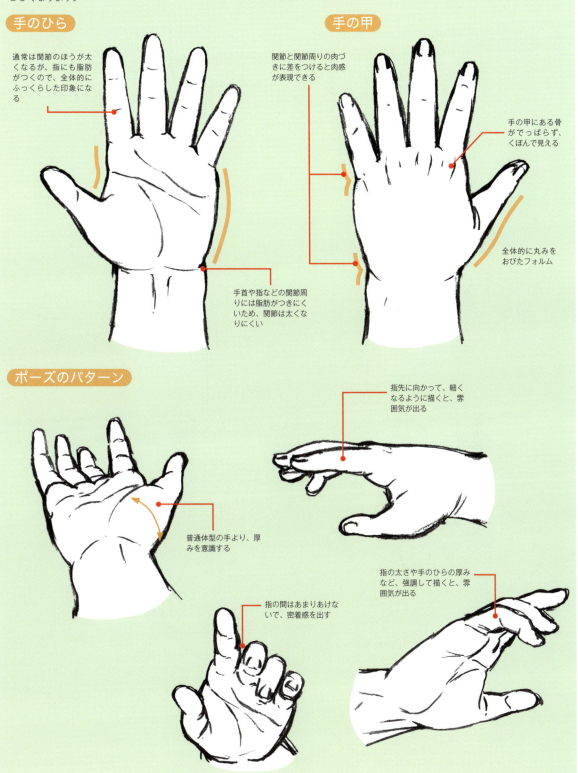

手のひら

- 通常は関節のほうが太くなるが、指にも脂肪がつくので、全体的にふっくらした印象になる
- 手首や指などの関節周りには脂肪がつきにくいため、関節は太くなりにくい

手の甲

- 関節と関節周りの肉づきに差をつけると肉感が表現できる
- 手の甲にある骨がでっぱらず、くぼんで見える
- 全体的に丸みをおびたフォルム

ポーズのパターン

- 普通体型の手より、厚みを意識する
- 指先に向かって、細くなるように描くと、雰囲気が出る
- 指の間はあまりあけないで、密着感を出す
- 指の太さや手のひらの厚みなど、強調して描くと、雰囲気が出る

CHAPTER1 基本の描き方

CHAPTER1
基本の描き方
サイズの違い

アップと引きでは適切な描き込み量が異なります。絵の大きさによってどれくらい省略しているのかを解説していきます。

● アップ

手のアップや手が目立つようなシーンでは、爪や手のシワなど細かい所まで描き込みます。本書の作例はアップを想定した描き込み量で描いています。

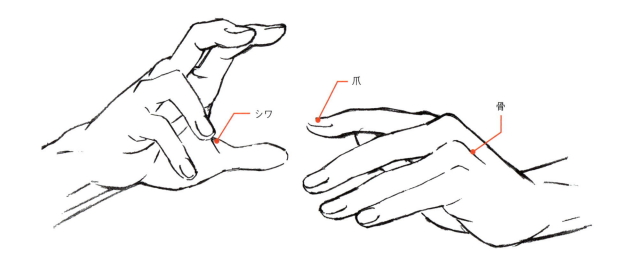

爪
シワ
骨

● ミドル

バストアップくらいの引きでは、爪や関節の凹凸、細かいシワは省略して描き、全体のシルエットを単純化しています。

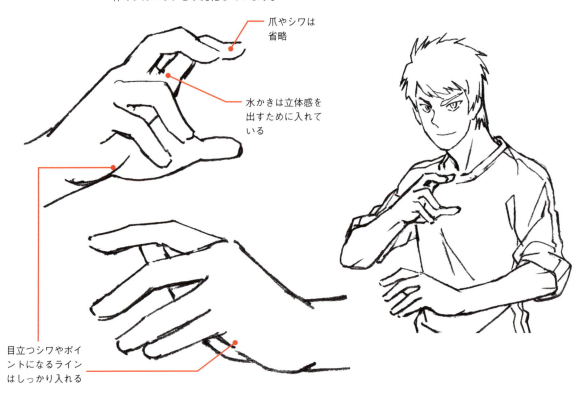

爪やシワは省略

水かきは立体感を出すために入れている

目立つシワやポイントになるラインはしっかり入れる

48

● ロング

全身が入るシーンや、奥にいるキャラクターのような引きのカットの場合、描き込みよりもシルエット重視で、大体の形がわかる程度まで省略しています。

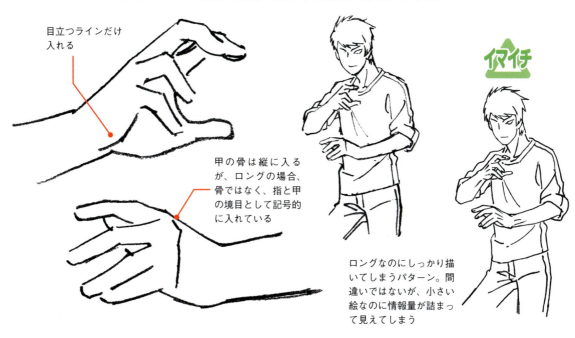

- 目立つラインだけ入れる
- 甲の骨は縦に入るが、ロングの場合、骨ではなく、指と甲の境目として記号的に入れている
- ロングなのにしっかり描いてしまうパターン。間違いではないが、小さい絵なのに情報量が詰まって見えてしまう

ロングのパターン

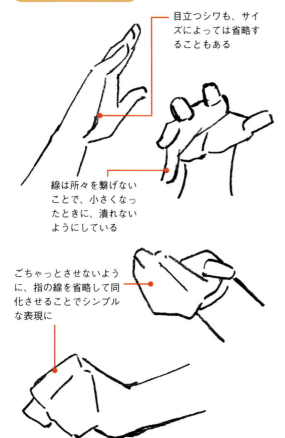

- 目立つシワも、サイズによっては省略することもある
- 線は所々を繋げないことで、小さくなったときに、潰れないようにしている
- ごちゃっとさせないように、指の線を省略して同化させることでシンプルな表現に

hint 手の甲の骨（アップの場合）

手の甲にある骨は、手首に向かって縦についているため、骨の凹凸のラインは縦に入ります。

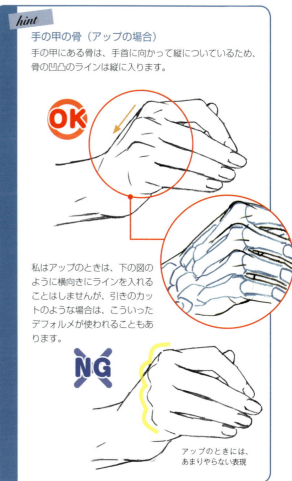

私はアップのときは、下の図のように横向きにラインを入れることはしませんが、引きのカットのような場合は、こういったデフォルメが使われることもあります。

アップのときには、あまりやらない表現

CHAPTER1 基本の描き方

CHAPTER1
★
基本の描き方

絵柄の違い

絵柄によっても手の描き方に違いが出ます。ここでは絵柄のパターン別に手の描き方の一例を見てみましょう。

● 劇画系

劇画作品やスポーツものなどによく見られる、タッチが多く線が濃い絵柄をイメージしています。線の太さに強弱をつけたり、線画で影を表現したりしています。線画でスピード感の表現を入れたりと全体的に描き込み量が多いのが特徴です。

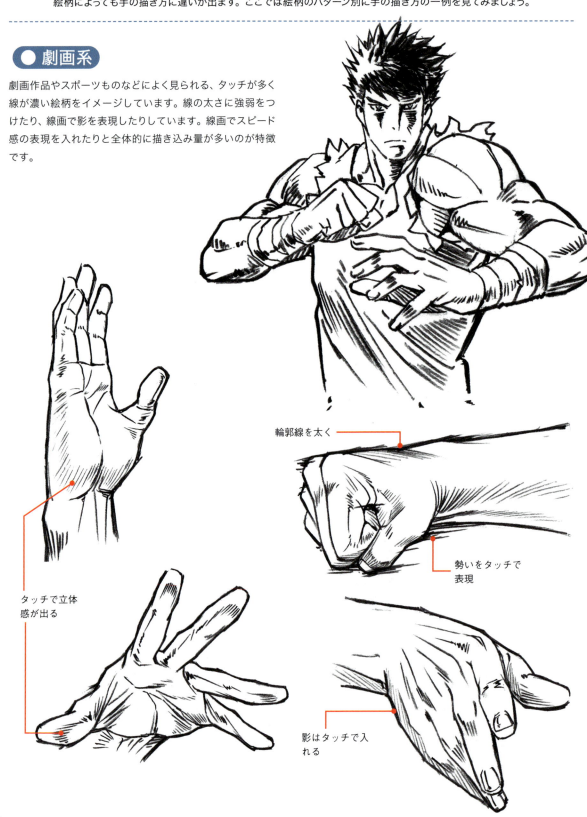

輪郭線を太く

勢いをタッチで表現

タッチで立体感が出る

影はタッチで入れる

50

● カートゥーン系

海外アニメでよく見られる極限までデフォルメしたような絵柄の場合、ほぼ直線で構成し、関節も中途半端に曲げるよりは真っ直ぐにしたり、しっかり曲げたりと極端な演出をつけることで、それらしさがアップします。

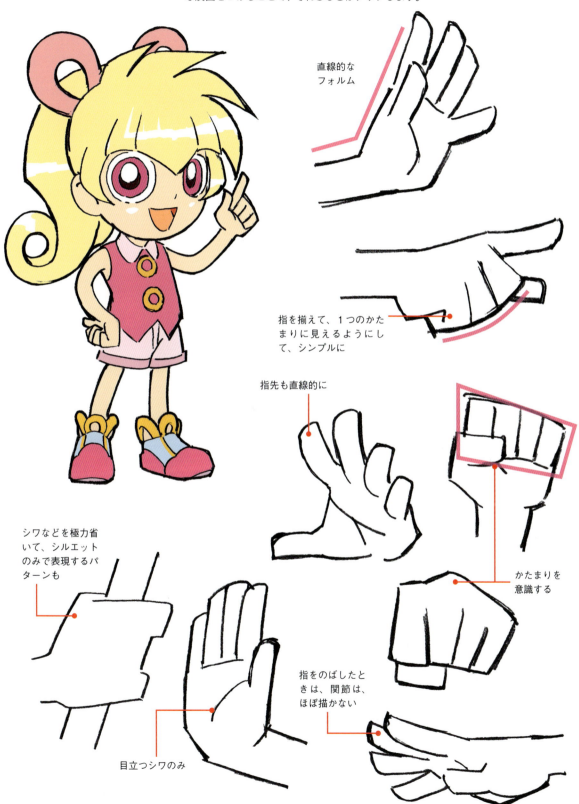

直線的なフォルム

指を揃えて、1つのかたまりに見えるようにして、シンプルに

指先も直線的に

かたまりを意識する

シワなどを極力省いて、シルエットのみで表現するパターンも

目立つシワのみ

指をのばしたときは、関節は、ほぼ描かない

CHAPTER1 基本の描き方

CHAPTER1
基本の描き方

● 子ども向け作品

子ども向け作品などによく見られる、シンプルかつデフォルメの強い絵柄をイメージしています。関節は描かずに全体的に丸みを強調し、子どもにも伝わりやすいように、手のシルエットを重視してみました。

曲線的なシルエット

指を一体化して描くことでデフォルメ感を強めにしている

● 少年マンガ系

少年マンガの中でもややデフォルメが強いものをイメージしました。関節やシワなどの細かいディテールは省略し、曲線よりは直線を使ってカクカクしたシルエットを意識しました。

直線的なフォルム

関節は極力描かないで直線を意識

反りなどは大げさにするとそれらしくなる

イマイチな例

なんとなくは描けるんだけど、何かがおかしい…でもおかしい所がわからない。なんてことありませんか？
ここでは、よく見かけるイマイチな手を例に、どこに注意して直すと魅力的になるかを解説します。

● 関節行方不明パターン　　一見普通の手に見えますが、関節にメリハリがなく、なんとなく違和感がある例。

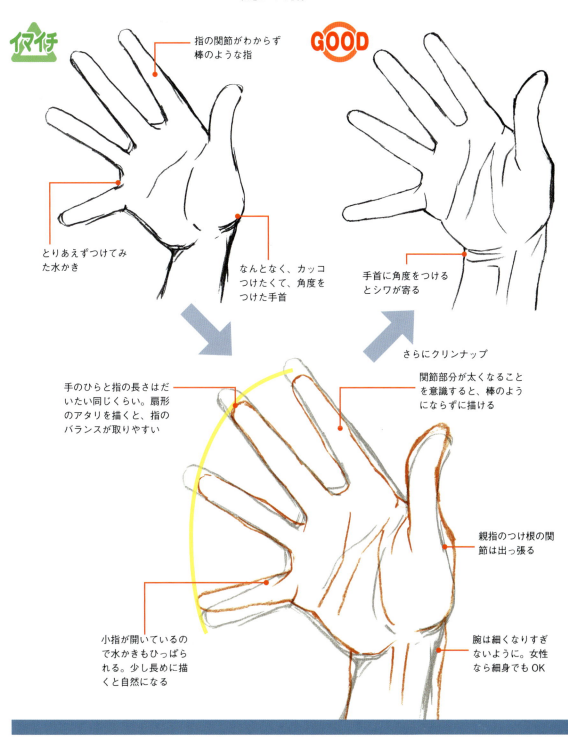

● 指の長さや位置が不明パターン　　指が長すぎたり、短すぎたり、どこについてるのかわからなくなっている例。

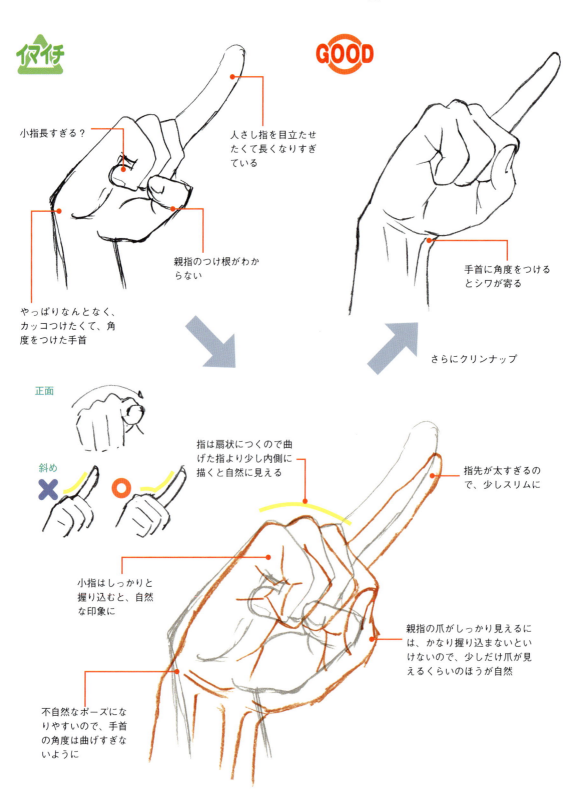

STEP UP!

● 奥行きがわからないパターン　　奥行きがわからなくて、手が細長くなってしまう例。

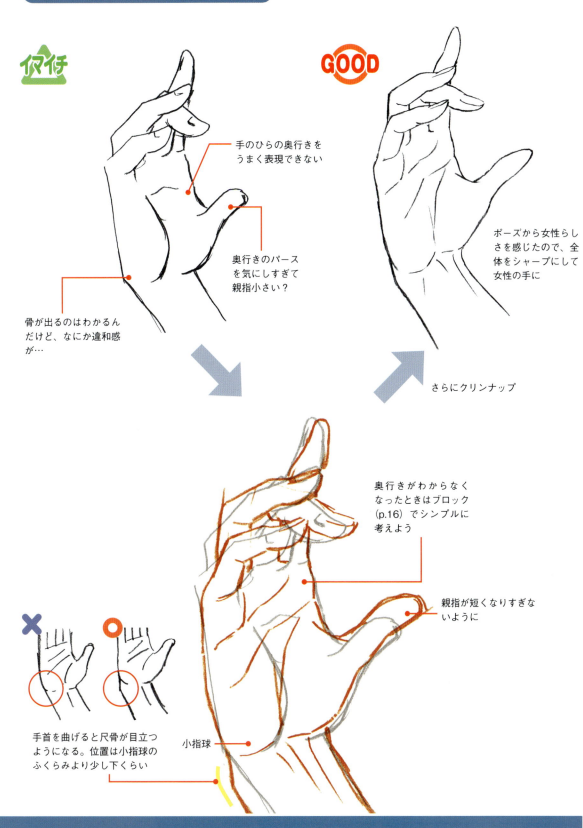

● 手の厚みがわからないパターン　手の厚みがわからず、薄っぺらくなってしまう例。

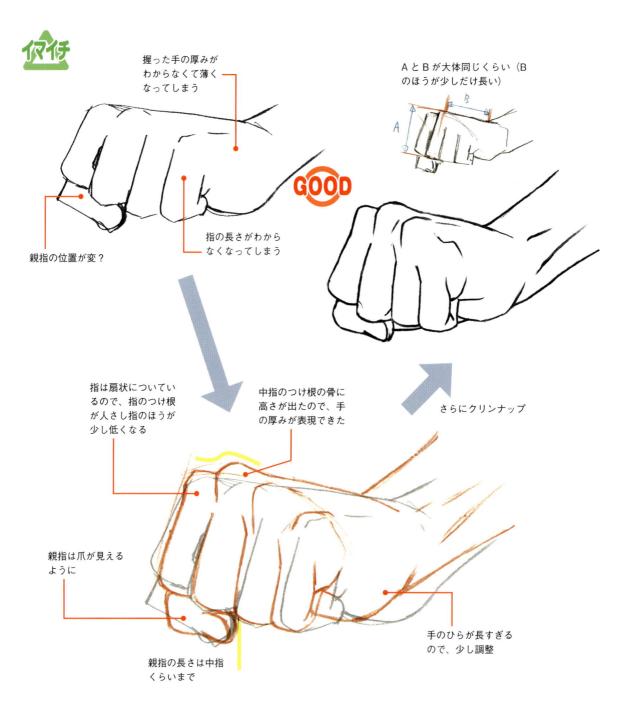

CHAPTER 2

演出の技術

ここでは自然な手の表現や力を入れた表現など、手のポーズをつけるうえで重要となる「演出」のつけ方を解説しています。
同じポーズでも、キャラクターの性格やシチュエーションによって演出方法は変わります。さまざまなパターンを見ていきましょう。

CHAPTER2
演出の技術
演出をつける

演出を理解すると、手だけで多くのことを伝えることができます。ここでは演出の基本を解説します。

● 演出とは

本章で解説する「演出」とは、見たままをそのまま描かず、仕草やパーツを部分的に誇張したりデフォルメしたりすることで、印象を強めたり魅力を上げたりすることです。たとえば、手を描くときに小指だけを少し曲げたり、あえてピンと伸ばしたりすることで、性別や性格、そのときの感情などを表現するのです。ここでは、演出をどのようにつけているか、実例を紹介します。

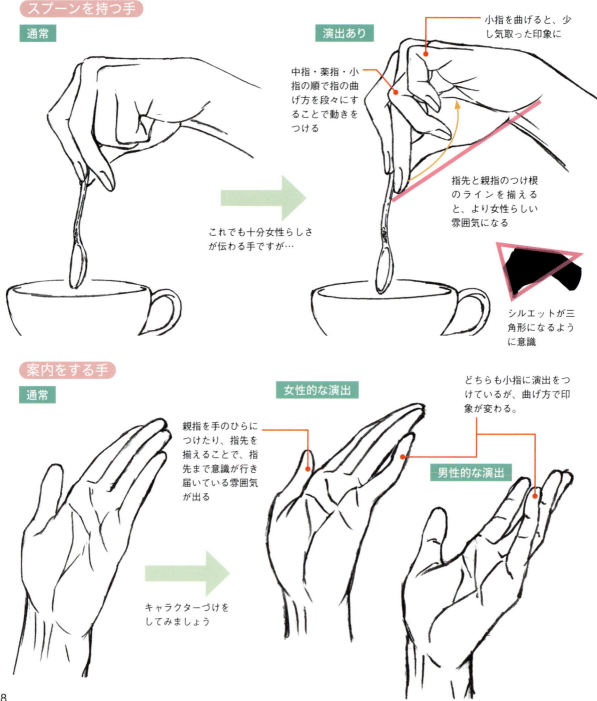

スプーンを持つ手

通常 → 演出あり

- これでも十分女性らしさが伝わる手ですが…
- 小指を曲げると、少し気取った印象に
- 中指・薬指・小指の順で指の曲げ方を段々にすることで動きをつける
- 指先と親指のつけ根のラインを揃えると、より女性らしい雰囲気になる
- シルエットが三角形になるように意識

案内をする手

通常 → 女性的な演出 / 男性的な演出

- キャラクターづけをしてみましょう
- 親指を手のひらにつけたり、指先を揃えることで、指先まで意識が行き届いている雰囲気が出る
- どちらも小指に演出をつけているが、曲げ方で印象が変わる。

CHAPTER2 演出の技術

掴もうとする手

通常

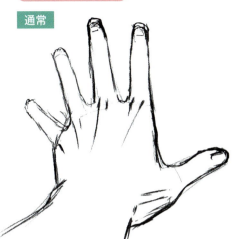

シチュエーションを加えてみましょう

丁寧につかむ

多少女性的な演出も加えているが、曲線で表現すると、柔らかくなり、丁寧な印象が強まる

勢いよく掴む

指先をバラバラにすることで、勢いを演出

直線的に描くことで、無骨な印象を強める

Column　角度を変えて表現しよう

指を正面に向ける手は、勢いやインパクトがあるポーズなのでここぞ！というときに使いたいのですが、この角度を違和感なく描くのって難しいですよね。そんなときは、真正面ではなく少しだけ角度をつけたり、下からあおることで、インパクトや勢いを残しつつ、見栄えのする手を描くことができます。

真正面のポーズ
勢いはあるけど、人さし指の距離感を描くのが難しい

角度をつけたポーズ
勢いを残したまま、人さし指も描きやすくなる

59

CHAPTER2
演出の技術

自然な手の表現

誇張した派手な表現だけを理解しても演出の幅は広がりません。日常の何気ない手を理解しておくことが大切です。

● 自然な手の形

何気ない自然な手を描くことは、実は難しいものです。たとえば、何気なく立っているとき、手の形はどのようになっているでしょうか。右のイラストのOK例のように、手は緩く開き適度に曲がった状態になります。NG例のように強く握っていることはありません。もちろん、怒りを心のうちに秘めているキャラクターを描くのであれば、このNG例が正しい演出といえます。

意図しない意味を表現してしまわないように自然な状態の理解が重要です。平常時の状態も知っておくことが演出の理解への最初の一歩です。

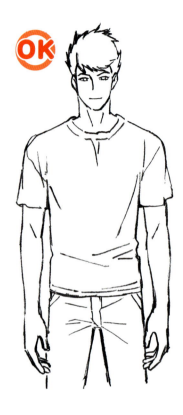

力を入れない手

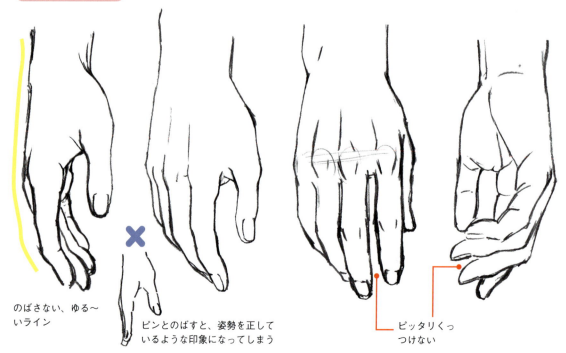

のばさない、ゆる～いライン

ピンとのばすと、姿勢を正しているような印象になってしまう

ピッタリくっつけない

> **さまざまなポーズ**

座って話すときや、授業中ノートを取っているときの、利き手ではないほうの手のように、机やテーブルの上に乗せた、力の入っていない手も、手を下ろしたときと同様に、ゆるく曲がっています。

基本的な描き方は、下ろしたときの手と同じで、指の関節はゆるく曲げ、指がピッタリくっつかないようにする

大人が寝ているときの手はゆるく開いています。赤ちゃんの場合は、ゆるく握っています。

Column　身体を使ってさらに強調しよう

手だけではなく、コントラポスト※を使って身体にも傾きをつけることで、さらに自然な立ち姿になります。肩のラインと腰のラインの傾きを逆にすることで、立ち姿に動きが出ます。

右肩が下がるときは、右腰は上げる。肩と腰を逆に傾けるのがポイント

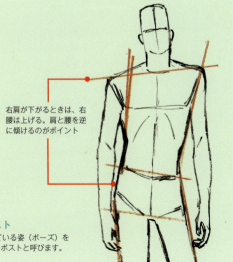

※コントラポスト
片足に体重をかけている姿（ポーズ）を芸術用語でコントラポストと呼びます。

CHAPTER2　演出の技術

CHAPTER2
演出の技術
力を入れたときの表現

手は力の加減によって形に違いが出ます。ここでは力を入れたときの見え方の違いやシワの入り方を解説します。

● 力の強弱の比較

力を入れないもの（弱）と、力を入れたもの（強）を、握り拳を例に比較してみました。どこに力が入っているかを見てみましょう。強弱を表現できるようになると演出の幅がぐんと広がります。

正面

弱

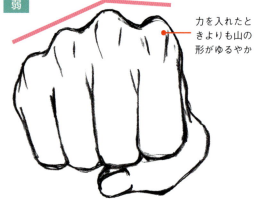

力を入れたときよりも山の形がゆるやか

強

小指側に強く握り込むことで、甲の関節部分の山の形が急になる

強く握るので、親指も少し内側になる

指は揃えずに、人さし指から順に握り込むようにすると、ギュッと握ったような表現になる

簡略化

簡略化

小指側

弱

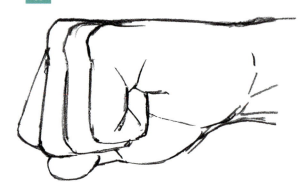

強

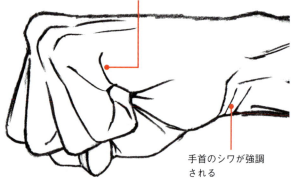

強く握るので、小指のつけ根のシワが大きく出る

手首のシワが強調される

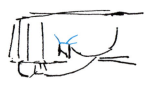

簡略化

正面から見たときと同様に、指を少しずつずらすようにする

簡略化

手のひら側

弱　強

親指は内側に折り込まれる

手首の筋を目立つように描く

簡略化　簡略化

手の甲側

弱　強

手首と親指のつけ根にシワが入る

指を握り込むことで、甲の筋や骨が目立たなくなるので、筋はあまりのばして描かない

簡略化　簡略化

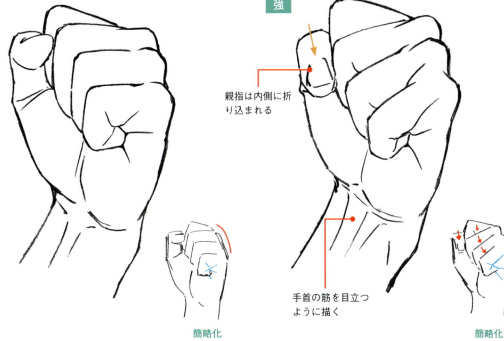

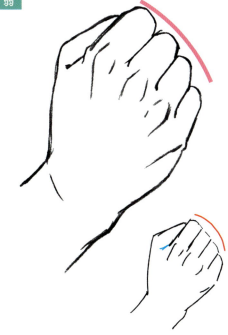

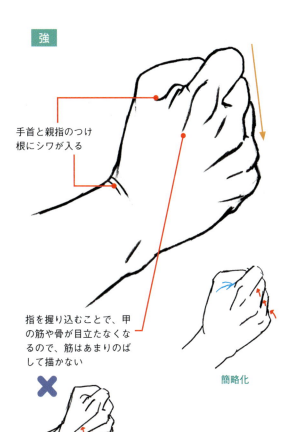

人さし指～小指までの4本を、少しだけ大げさにデフォルメすることで、強弱が伝わりやすいようにしています。実際の手の形を忠実に再現するよりも、「らしく」見えることを心掛けています。

CHAPTER2　演出の技術

CHAPTER2
演出の技術

● 手首で表現する

力を入れるときに手首の動きをプラスすることで、より力が入っているような印象を与えます。

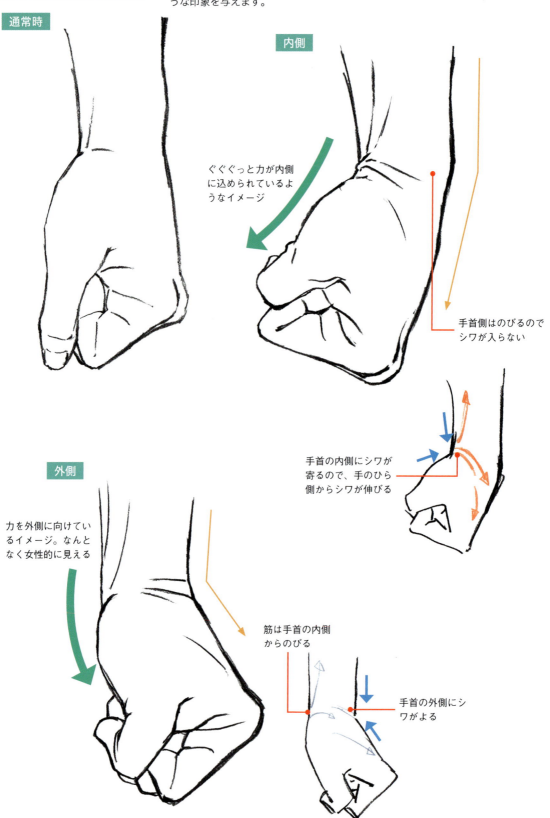

通常時

内側

ぐぐぐっと力が内側に込められているようなイメージ

手首側はのびるのでシワが入らない

手首の内側にシワが寄るので、手のひら側からシワが伸びる

外側

力を外側に向けているイメージ。なんとなく女性的に見える

筋は手首の内側からのびる

手首の外側にシワがよる

● 押しつけたときの表現

床や壁などに手を押しつけたとき、指先はどのように変化するのか見てみましょう。

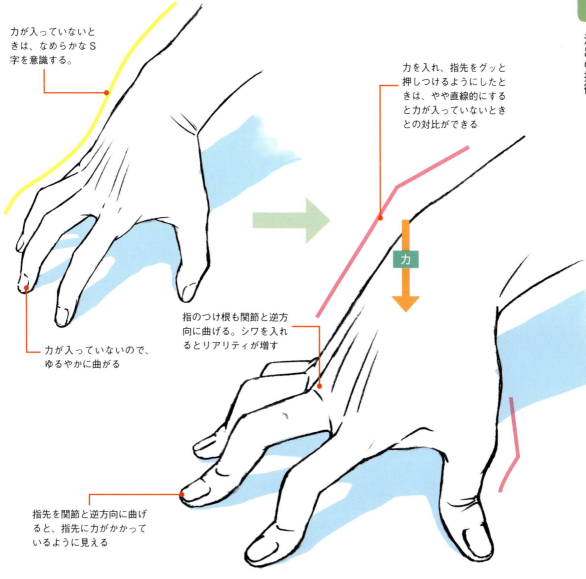

力が入っていないときは、なめらかなS字を意識する。

力を入れ、指先をグッと押しつけるようにしたときは、やや直線的にすると力が入っていないときとの対比ができる

力が入っていないので、ゆるやかに曲がる

指のつけ根も関節と逆方向に曲げる。シワを入れるとリアリティが増す

指先を関節と逆方向に曲げると、指先に力がかかっているように見える

指先

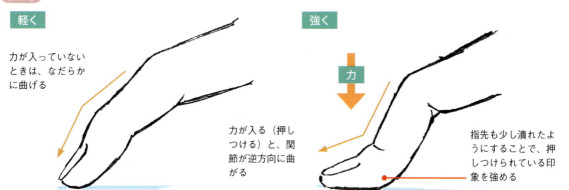

軽く
力が入っていないときは、なだらかに曲げる

強く
力が入る（押しつける）と、関節が逆方向に曲がる

指先も少し潰れたようにすることで、押しつけられている印象を強める

CHAPTER2 演出の技術

CHAPTER2
演出の技術

● 開いたときの表現

手を開くときも、自然な状態と大きく開くときでは、見え方が異なります。主に甲の骨と筋に変化が見られるので、「甲の骨と筋」(p.28)も参照ください。

手の甲

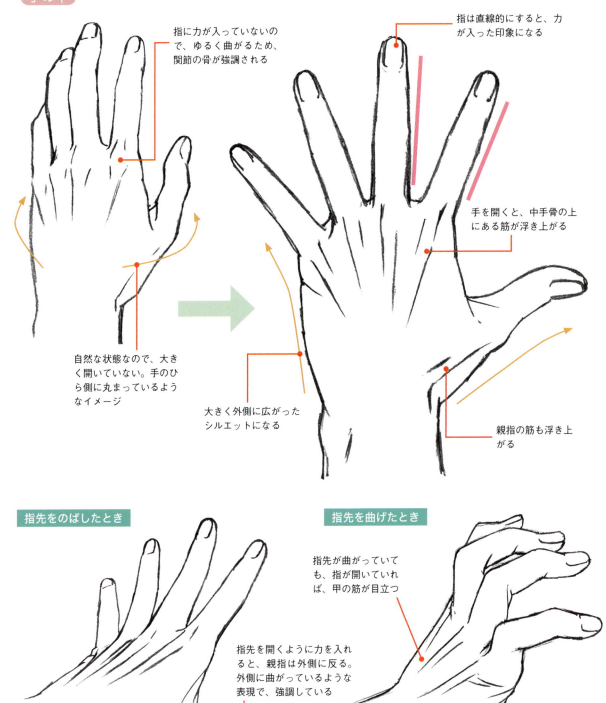

手のひら

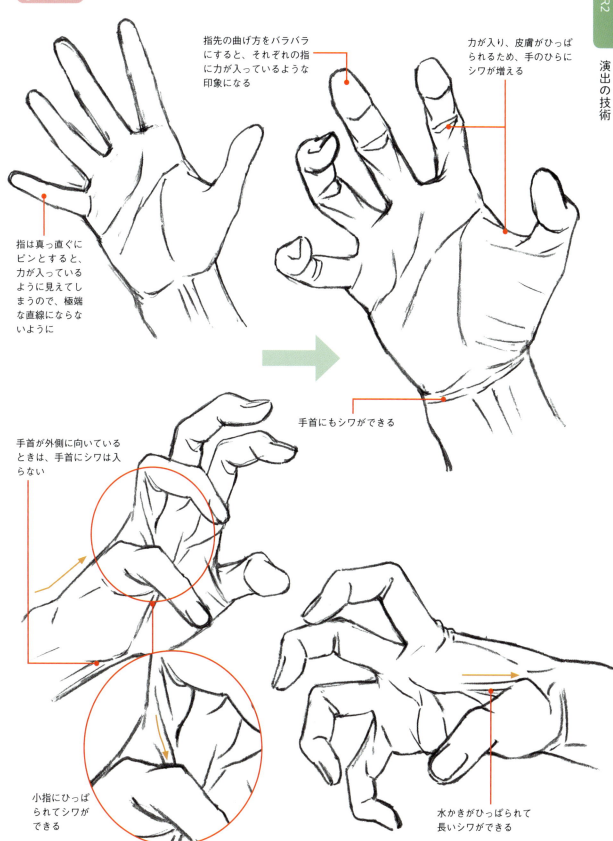

CHAPTER2
演出の技術

迫力を出す表現

手を前に突き出すポーズは、手を使った決めポーズとして定番です。定番の決めポーズに迫力を演出する方法を解説します。

● 広角レンズの効果

広角レンズを使用すると、四隅が歪み中央が大きく見えるような写真を撮れます。この効果を取り入れることで、手前に迫ってくるような迫力を出すことができます。

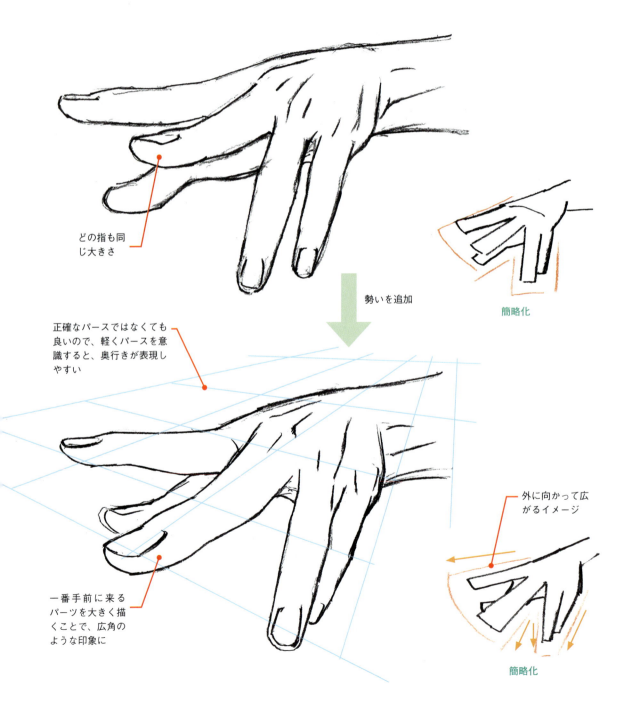

どの指も同じ大きさ

簡略化

勢いを追加

正確なパースではなくても良いので、軽くパースを意識すると、奥行きが表現しやすい

一番手前に来るパーツを大きく描くことで、広角のような印象に

外に向かって広がるイメージ

簡略化

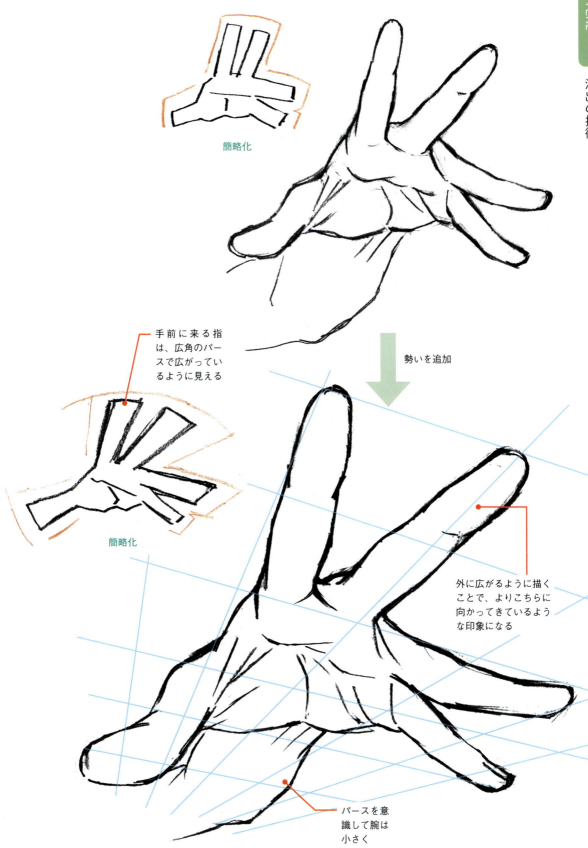

CHAPTER2
演出の技術

● よくある間違い

迫力を出すために、手を大きく描いてみた……だけど何か変？ そんな経験有りませんか？ むやみやたらに大きくするだけでは違和感が出てしまいます。ここではよくある例を紹介します。

「犯人はお前だ！」よく見るシチュエーションです。主人公らしきキャラクターが、手前にいる犯人に指を指すシーン。迫力のある手でおかしいところはないように見えます。しかし、これをカメラとの位置関係で見てみると、何がおかしいかがわかります。2パターンの修正例を見てみましょう。

手前の犯人越しに、指さしをする構図を活かして修正してみます。犯人が手前にいるのを想定すると、カメラと主人公の位置関係は下の図のようになります。つまり、カメラと主人公の間に距離がある場合、手のサイズは小さくなります。

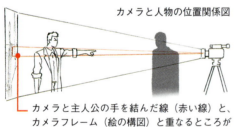

カメラと人物の位置関係図

カメラと主人公の手を結んだ線（赤い線）と、カメラフレーム（絵の構図）と重なるところが手の大きさになる

次は手の大きさを活かして修正してみます。カメラの位置は、下の図のようになります。手の大きさを活かす場合、人物に寄った広角の構図になります。

カメラと人物の位置関係図

カメラフレームの手と、主人公の手を結んだ線が交わるところがカメラ位置になる

これくらい近距離になるので犯人はフレームに入らない

つまり、NGの絵は迫力を出したいがために、手の大きさとカメラのフレーミングとの間に齟齬が生じた構図になってしまっているのです。

70

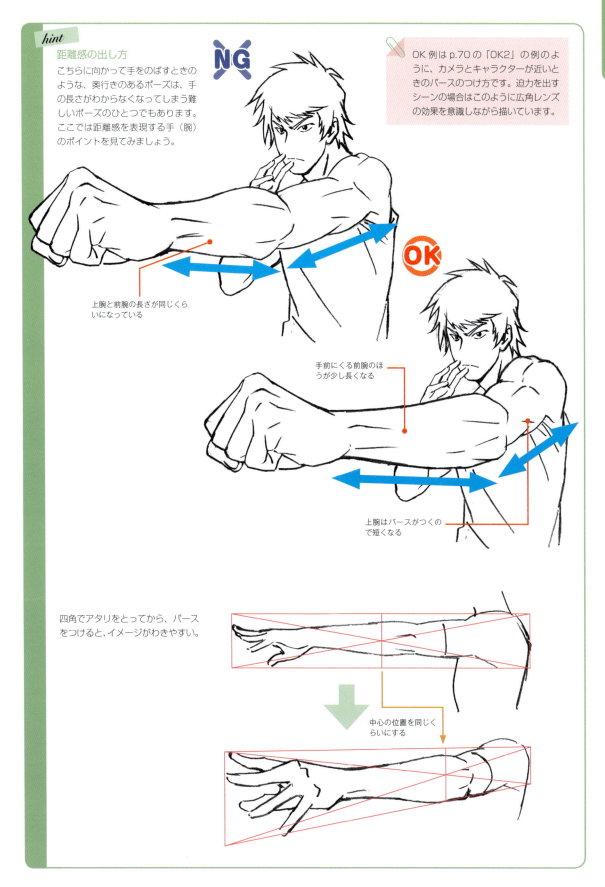

CHAPTER2
演出の技術

柔らかさの表現

柔らかさは、女性や子どもの手に欠かせない表現です。優しい印象だけなく、優雅さや余裕の印象を与えます。

● 女性の柔らかさ

女性の柔らかさは、CHAPTER1の「男女の違い（p.38）」でも解説した、「曲線」や「丸み」です。ここでは女性らしい演出方法に注目して解説します。

指に演出をつける

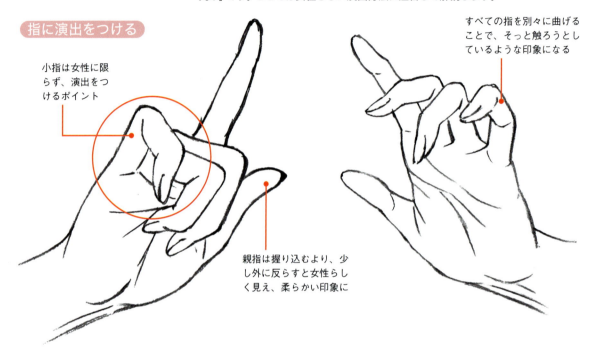

小指は女性に限らず、演出をつけるポイント

すべての指を別々に曲げることで、そっと触ろうとしているような印象になる

親指は握り込むより、少し外に反らすと女性らしく見え、柔らかい印象に

さまざまなポーズ

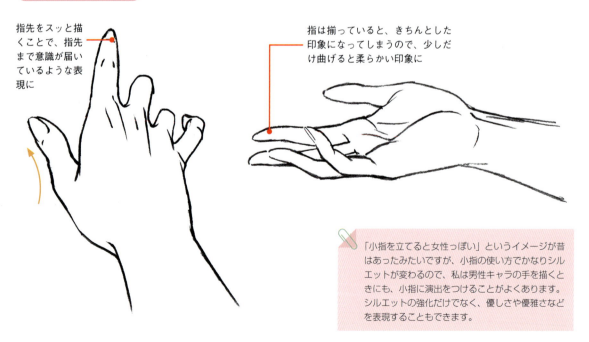

指先をスッと描くことで、指先まで意識が届いているような表現に

指は揃っていると、きちんとした印象になってしまうので、少しだけ曲げると柔らかい印象に

「小指を立てると女性っぽい」というイメージが昔はあったみたいですが、小指の使い方でかなりシルエットが変わるので、私は男性キャラの手を描くときにも、小指に演出をつけることがよくあります。シルエットの強化だけでなく、優しさや優雅さなどを表現することもできます。

CHAPTER2 演出の技術

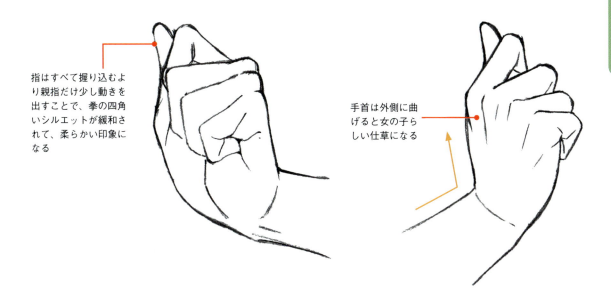

指はすべて握り込むより親指だけ少し動きを出すことで、拳の四角いシルエットが緩和されて、柔らかい印象になる

手首は外側に曲げると女の子らしい仕草になる

● 子どもの柔らかさ

子どもの柔らかさは肉感が大切です。その肉感を演出で表現する方法を解説します。

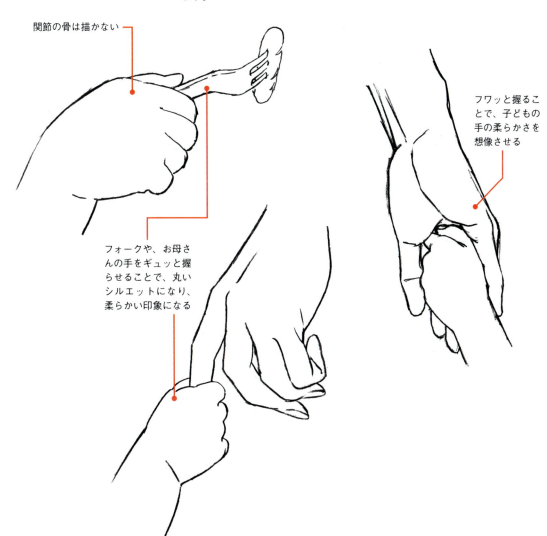

関節の骨は描かない

フォークや、お母さんの手をギュッと握らせることで、丸いシルエットになり、柔らかい印象になる

フワッと握ることで、子どもの手の柔らかさを想像させる

CHAPTER2
演出の技術
感情の表現

手の演出によって顔の表情だけでは伝えにくい感情のニュアンスを足すことができます。

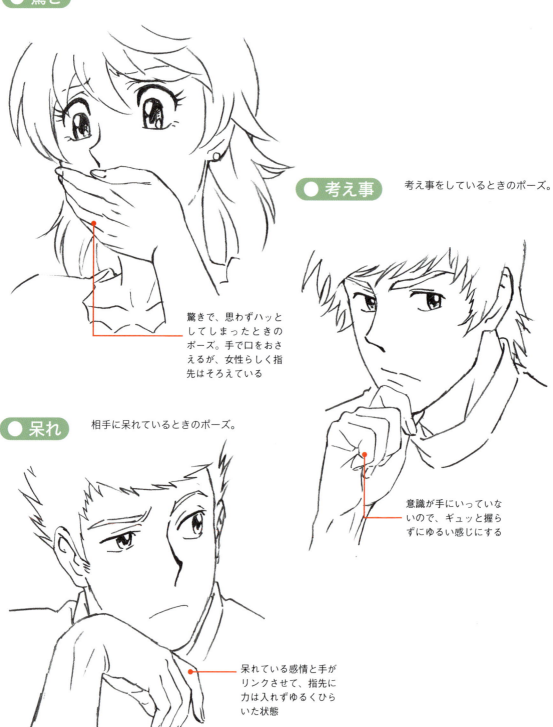

● 驚き　驚きでハッとするポーズ。

驚きで、思わずハッとしてしまったときのポーズ。手で口をおさえるが、女性らしく指先はそろえている

● 考え事　考え事をしているときのポーズ。

意識が手にいっていないので、ギュッと握らずにゆるい感じにする

● 呆れ　相手に呆れているときのポーズ。

呆れている感情と手がリンクさせて、指先に力は入れずゆるくひらいた状態

● **悲しみ** ジブリ作品の女の子によく見る顔を覆うポーズ。

腕を「ハ」の字にすることで女性らしさが出る

涙をぬぐう

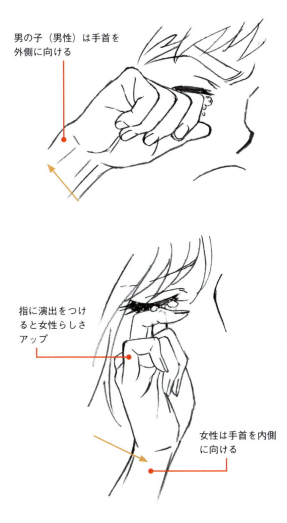

男の子（男性）は手首を外側に向ける

指に演出をつけると女性らしさアップ

女性は手首を内側に向ける

涙をぬぐってあげる

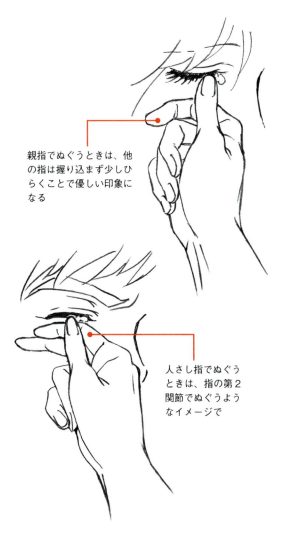

親指でぬぐうときは、他の指は握り込まず少しひらくことで優しい印象になる

人さし指でぬぐうときは、指の第2関節でぬぐうようなイメージで

CHAPTER2 演出の技術

影の表現

影を使うことで、線画だけでは表現しにくい立体感を出したり、シワの表現方法の幅を広げることもできます。
手の描き方から少しステップアップして、影のつけ方を解説していきます。

● 光源の位置の違い

長年アニメを描いてきた中で、影つけは自分の表現方法として、大きな割合を占める大切なポイントです。実際に光を当てて、どんな形に影ができるのかを良く観察して描くのが良いと思います。

順光

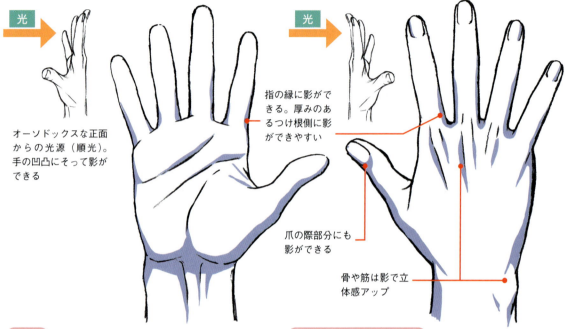

オーソドックスな正面からの光源（順光）。手の凹凸にそって影ができる

指の縁に影ができる。厚みのあるつけ根側に影ができやすい

爪の際部分にも影ができる

骨や筋は影で立体感アップ

斜光

斜めからの光源（斜光）は立体感を出しやすい

凹凸にそって影ができるが、順光より大きな影ができやすい

側光（サイドライト）

真横からの光源（側光）は影が大きくできるのでメリハリのある印象に

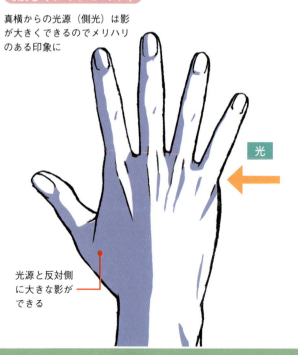

光源と反対側に大きな影ができる

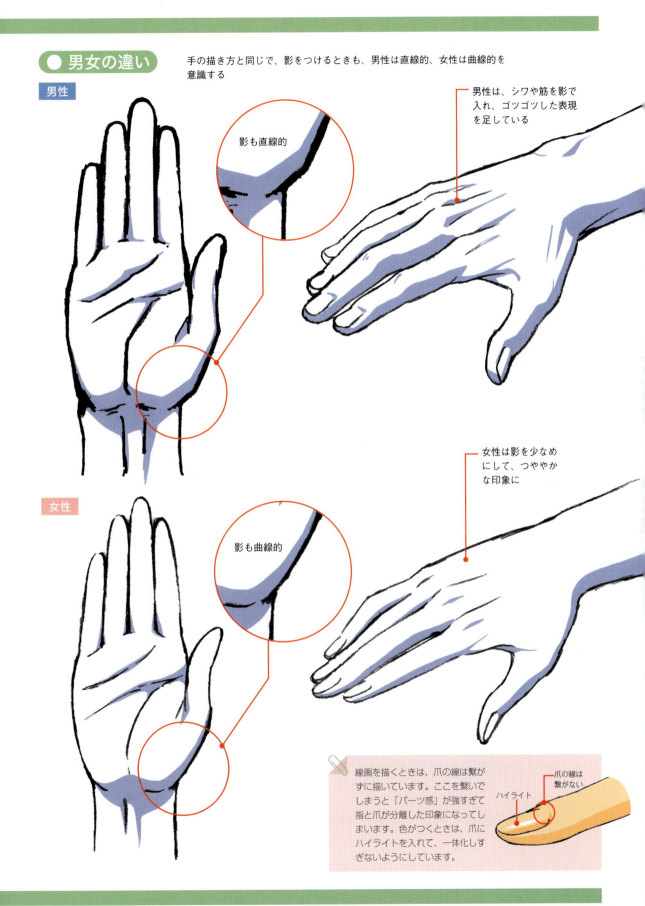

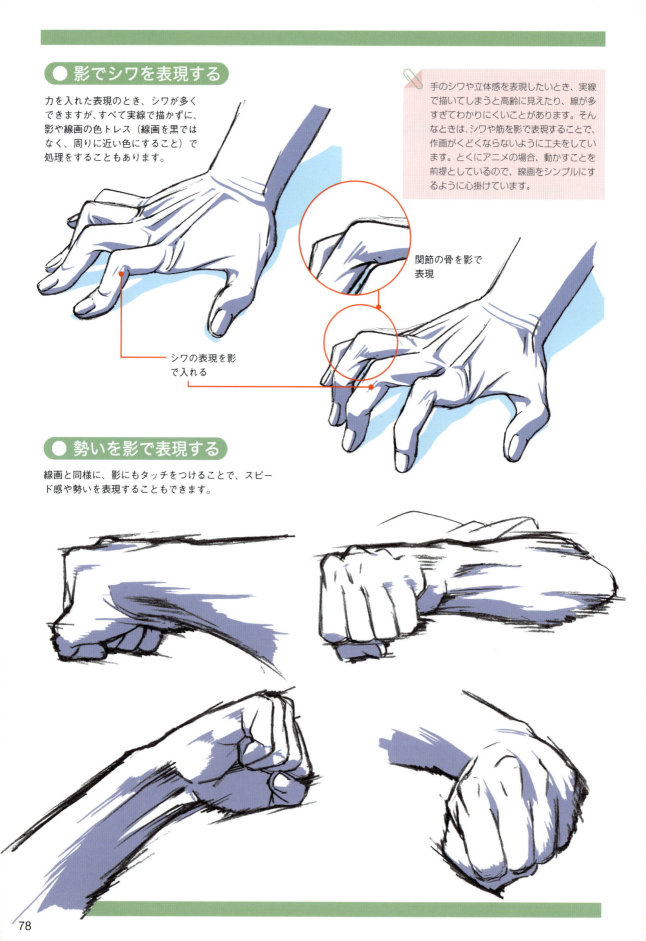

CHAPTER 3

実例ポーズ集

ここまで、描き方や演出のつけ方を解説してきました。CHAPTER 3では、実際のシチュエーションを想定して、さまざまなポーズを描いてみました。それぞれのコツなども解説していますので、模写などに役立ててみてください。

CHAPTER3
実例ポーズ集

基本のポーズ

指をすべて開いたパー、曲げたグー、曲げる指と開く指があるチョキなど、基本要素が入ったポーズをさまざまな角度から見てみましょう。

● パー　指はすべて開き、特別な演出は入れていない手のポーズ。図形アタリ(p.18)で描けるので、まずはここから始めてみましょう。

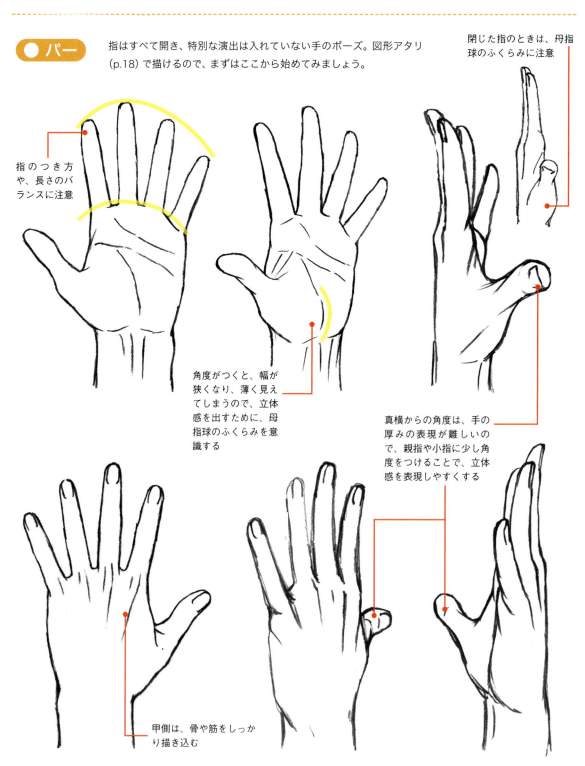

● **グー**

指をすべて曲げたグーのポーズ。アクションの「パンチ」や、悔しいときの表現など、さまざまな場面で活用できます。指をすべて曲げるのですが、均一な印象にならないように、指の長さやつき方をしっかり意識しましょう。

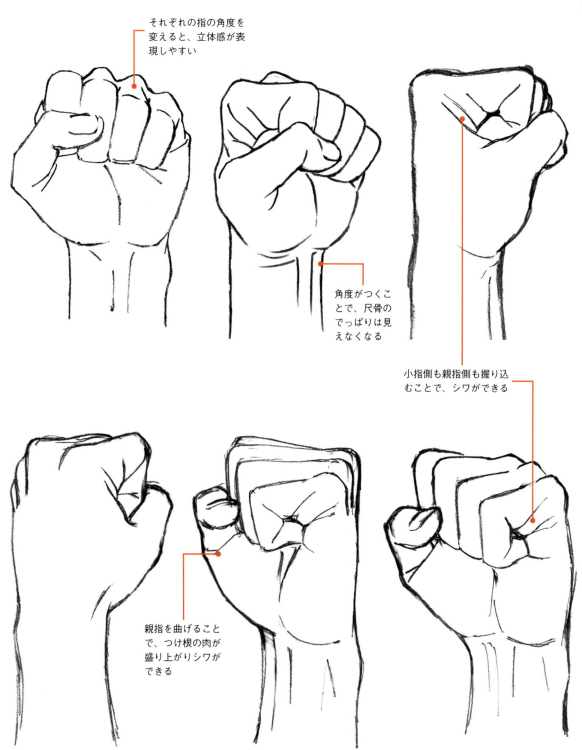

それぞれの指の角度を変えると、立体感が表現しやすい

角度がつくことで、尺骨のでっぱりは見えなくなる

小指側も親指側も握り込むことで、シワができる

親指を曲げることで、つけ根の肉が盛り上がりシワができる

CHAPTER3
実例ポーズ集

● チョキ　2本指を立てた、いわゆる「ピース」ポーズ。指を曲げるので「パー」と比べると、立体感の表現がしやすい。1枚絵のイラストなどでもよく使われるポーズです。

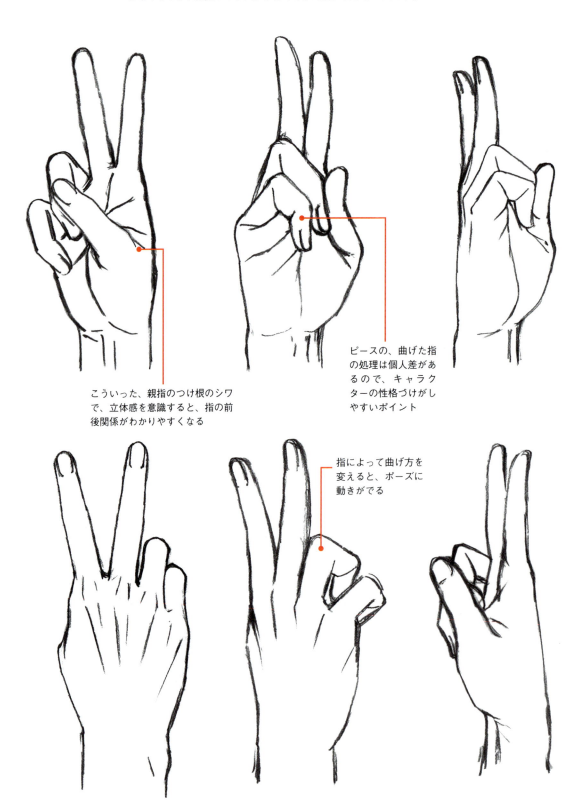

こういった、親指のつけ根のシワで、立体感を意識すると、指の前後関係がわかりやすくなる

ピースの、曲げた指の処理は個人差があるので、キャラクターの性格づけがしやすいポイント

指によって曲げ方を変えると、ポーズに動きがでる

● 腕側から見たポーズ

腕側から見たときの「パー」「チョキ」「グー」のポーズです。手のひらの厚みをしっかりと意識しましょう。パースがつくことで、指は正面から見たときより短く見えます。

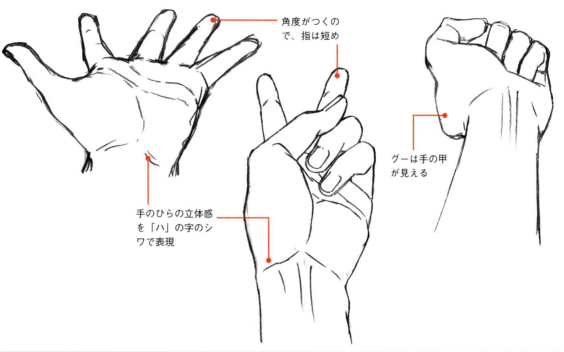

角度がつくので、指は短め

グーは手の甲が見える

手のひらの立体感を「ハ」の字のシワで表現

Column 指の曲げ方で感情を表現

指の曲げ方ひとつで、感情を表現することができます。
下の3つの手は「相手を呼び止めるとき」の手を想定して、感情の違いを指先で表現したものです。

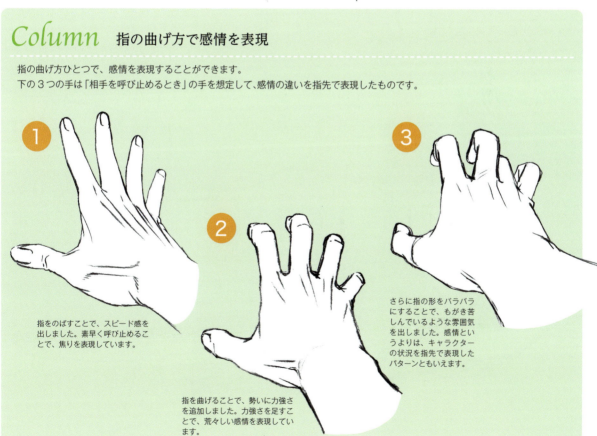

①指をのばすことで、スピード感を出しました。素早く呼び止めることで、焦りを表現しています。

②指を曲げることで、勢いに力強さを追加しました。力強さを足すことで、荒々しい感情を表現しています。

③さらに指の形をバラバラにすることで、もがき苦しんでいるような雰囲気を出しました。感情というよりは、キャラクターの状況を指先で表現したパターンともいえます。

83

CHAPTER3
実例ポーズ集

● 指さし   指を1本立てた「指さし」のポーズ。指先や手首の演出のつけ方で、印象が変わるポーズでもあります。さまざまな角度から描いてみました。

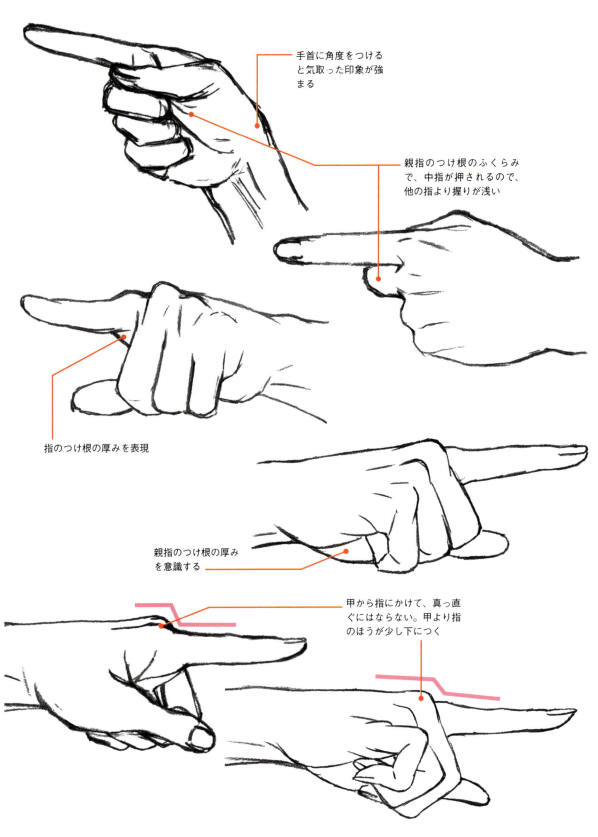

手首に角度をつけると気取った印象が強まる

親指のつけ根のふくらみで、中指が押されるので、他の指より握りが浅い

指のつけ根の厚みを表現

親指のつけ根の厚みを意識する

甲から指にかけて、真っ直ぐにはならない。甲より指のほうが少し下につく

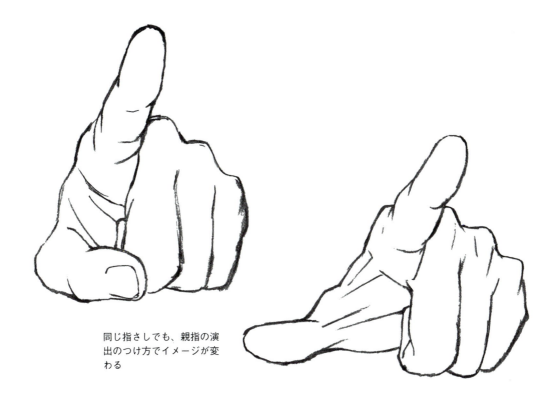

同じ指さしでも、親指の演出のつけ方でイメージが変わる

Column 壁ドン活用方法

相手を壁際に追いやり、壁に向かって手のひらで「ドン」と突く「壁ドン」は、恋愛マンガなどではお馴染みのポーズです。
基本の描き方は「パー」の形と同じで、手首の角度を壁に対して垂直になるようにします。このポーズは基本系が「パー」なので、他のポーズにも活用することができます。

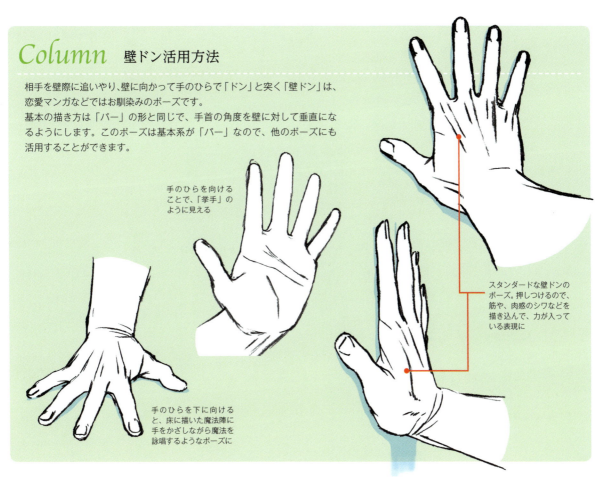

手のひらを向けることで、「挙手」のように見える

手のひらを下に向けると、床に描いた魔法陣に手をかざしながら魔法を詠唱するようなポーズに

スタンダードな壁ドンのポーズ。押しつけるので、筋や、肉感のシワなどを描き込んで、力が入っている表現に

CHAPTER3 実例ポーズ集

CHAPTER3
実例ポーズ集

何気ない仕草

腰に手をあてたり、腕を組んだり、普段何気なくする仕草では手の形はどうなっているでしょうか。

● 腕を組む

手持ち無沙汰のときなど、ついついやってしまう「腕組み」は、キャラクターの性格づけや心理状態を表現するのによく使われます。威厳や威圧的な表現の他に、自分を守るような印象を与えることもできます。

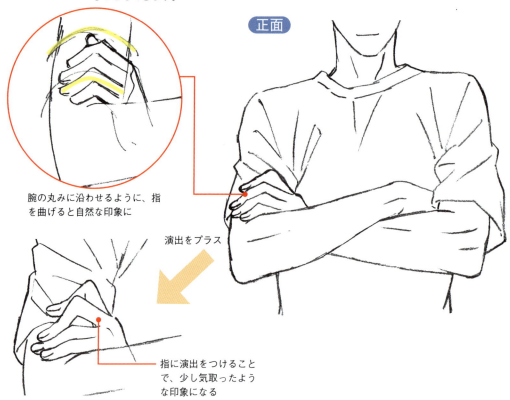

腕の丸みに沿わせるように、指を曲げると自然な印象に

演出をプラス

指に演出をつけることで、少し気取ったような印象になる

手で押されるので、腕にシワが入る

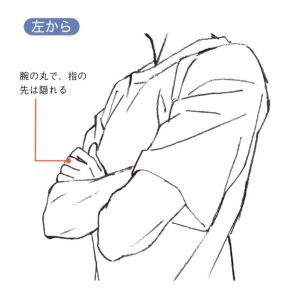

左から

腕の丸で、指の先は隠れる

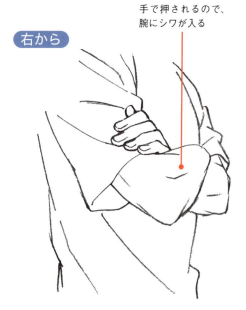

右から

ゆるく腕を組む

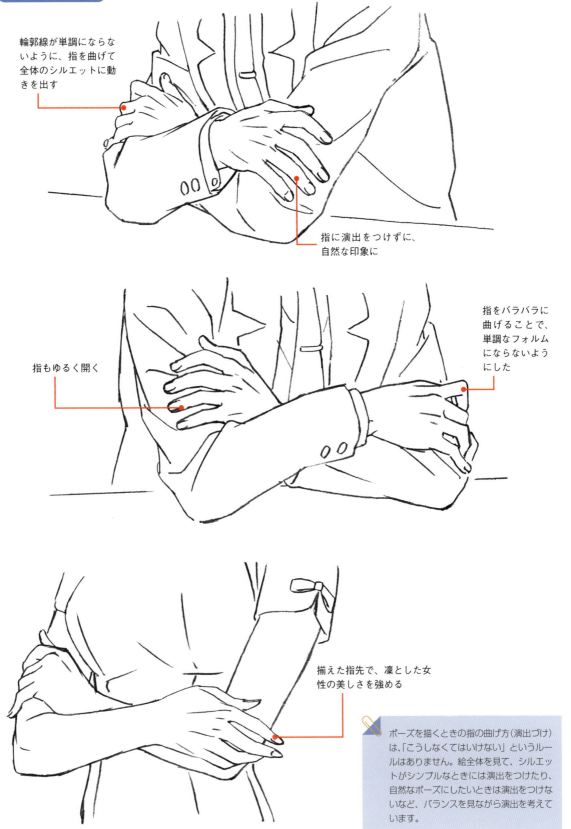

輪郭線が単調にならないように、指を曲げて全体のシルエットに動きを出す

指に演出をつけずに、自然な印象に

指もゆるく開く

指をバラバラに曲げることで、単調なフォルムにならないようにした

揃えた指先で、凛とした女性の美しさを強める

📎 ポーズを描くときの指の曲げ方（演出づけ）は、「こうしなくてはいけない」というルールはありません。絵全体を見て、シルエットがシンプルなときには演出をつけたり、自然なポーズにしたいときは演出をつけないなど、バランスを見ながら演出を考えています。

CHAPTER3 実例ポーズ集

87

CHAPTER3
実例ポーズ集

● 腰に手をあてる

「腕を組む」と同じように「腰に手をあてる」のも何気なくしてしまうポーズのひとつです。怒っている態度や、高圧的な態度のときなどによく使われます。ほかにもお風呂上がりの瓶牛乳を飲むときのポーズとして定番です。

手のひらをあてる

男女どちらでも使えるポーズ

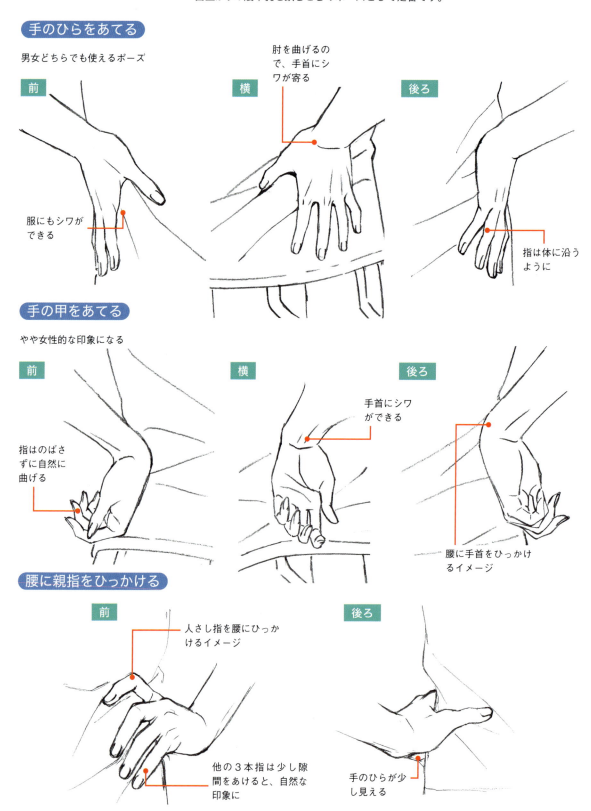

前 / 横 / 後ろ
- 服にもシワができる
- 肘を曲げるので、手首にシワが寄る
- 指は体に沿うように

手の甲をあてる

やや女性的な印象になる

前 / 横 / 後ろ
- 指はのばさずに自然に曲げる
- 手首にシワができる
- 腰に手首をひっかけるイメージ

腰に親指をひっかける

前 / 後ろ
- 人さし指を腰にひっかけるイメージ
- 他の3本指は少し隙間をあけると、自然な印象に
- 手のひらが少し見える

● 頬杖をつく

考え事をするときや、物思いにふけるときなどに頬杖をついてしまいます。そのような自然なポーズだけでなく、顔周りに手をもっていくポーズはグラビアや立ち絵としてもよく見られます。

CHAPTER3 実例ポーズ集

指に動きをつけると、活発な印象になる

指を揃えると、大人な女性の印象

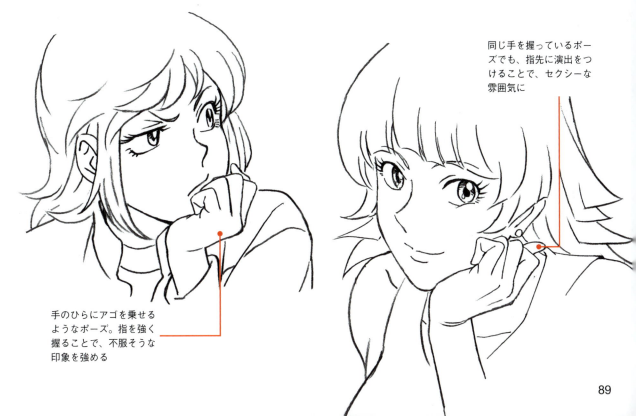

手のひらにアゴを乗せるようなポーズ。指を強く握ることで、不服そうな印象を強める

同じ手を握っているポーズでも、指先に演出をつけることで、セクシーな雰囲気に

89

手を絡める

実例ポーズ集 CHAPTER3

手を絡めるというと、握手や手を繋ぐなど2人のポーズもありますが、ここでは右手と左手を絡めたポーズを紹介します。

● 手を組む

『新世紀エヴァンゲリオン』の碇ゲンドウがするのでもおなじみのポーズです。右手と左手が絡むことでやや複雑になるので、しっかりと見えない所まで意識して描くのがポイントです、

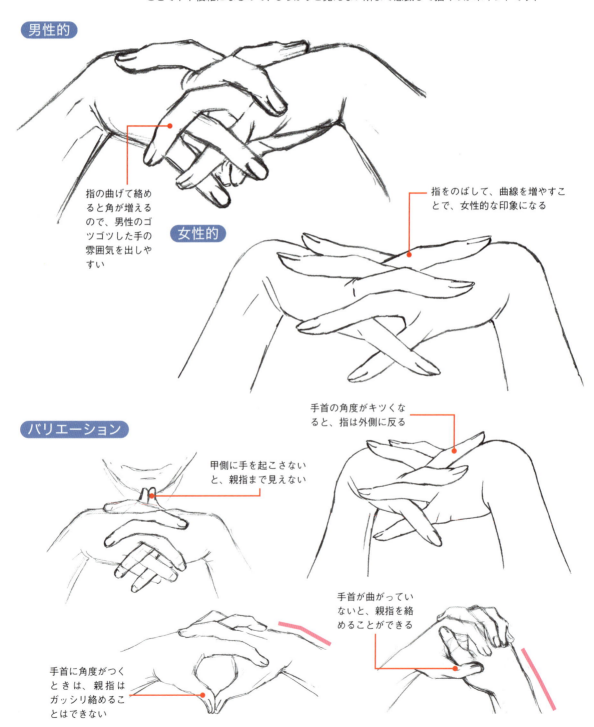

男性的

指の曲げて絡めると角が増えるので、男性のゴツゴツした手の雰囲気を出しやすい

女性的

指をのばして、曲線を増やすことで、女性的な印象になる

バリエーション

手首の角度がキツくなると、指は外側に反る

甲側に手を起こさないと、親指まで見えない

手首が曲がっていないと、親指を絡めることができる

手首に角度がつくときは、親指はガッシリ絡めることはできない

hint
指が絡むときのポイント
指が複雑に絡むと、手の形がわかりにくくなってしまいます。そんなときはなるべく片手ずつ考えるようにしましょう。

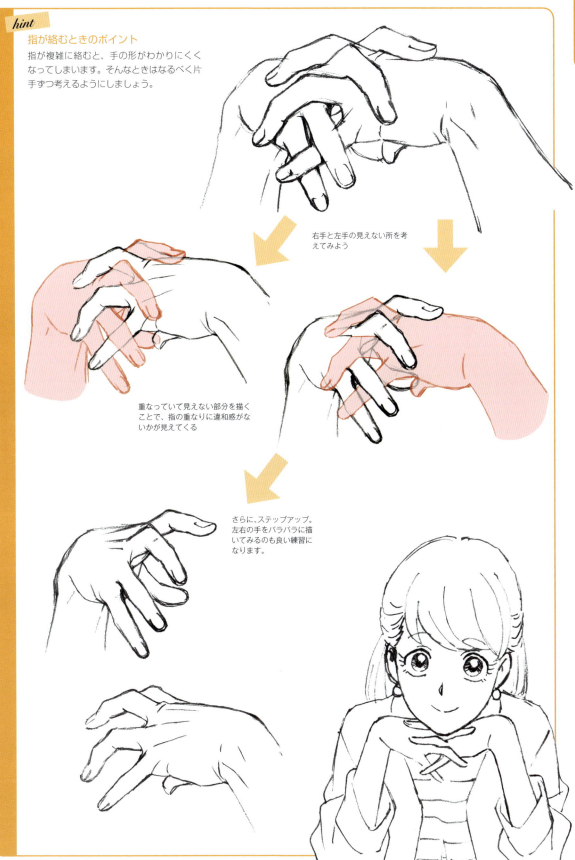

右手と左手の見えない所を考えてみよう

重なっていて見えない部分を描くことで、指の重なりに違和感がないかが見えてくる

さらに、ステップアップ。左右の手をバラバラに描いてみるのも良い練習になります。

CHAPTER3
実例ポーズ集

● 祈る

手を組むポーズの手のひら同士をくっつけたポーズで、祈りなどに使われるポーズです。指の絡みは手を組むポーズと同じですが、密着している感じを出すのがポイントです。さまざまな角度から見てみましょう。

親指側

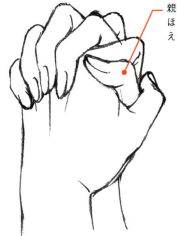

親指は下になるほうが、長く見える

横

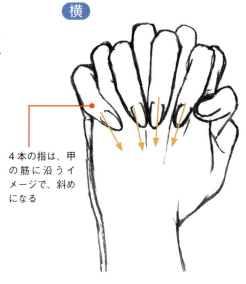

4本の指は、甲の筋に沿うイメージで、斜めになる

小指側

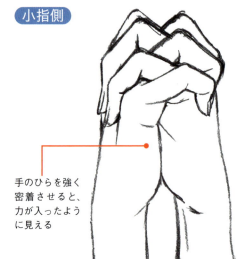

手のひらを強く密着させると、力が入ったように見える

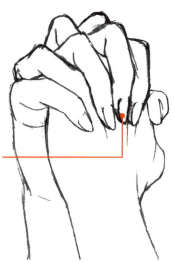

指先はくっつくようにして、あまり離れないように

---

hint

密着した指

指同士が密着すると、指の肉が押され、少しへこんで細く見えます。真横の角度のときには、指の肉感を意識すると良いでしょう。
指が絡むときのポイント(p.91)と同じように、見えない所も意識して描くようにしましょう。

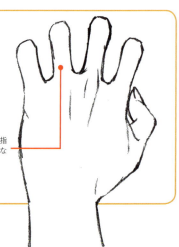

絡めた指に押されて、指の左右がへこんだ形になり、細く見える

🟦 **バリエーション**

拳に手を重ねるパターン。下になる手はグーの形で、その上に被せるように上の手を描く

山の形になるように

手首に角度をつけると、拳をならしている印象になる

応用

指は握り込まない

指を握り込むことで、力が入ったように見える

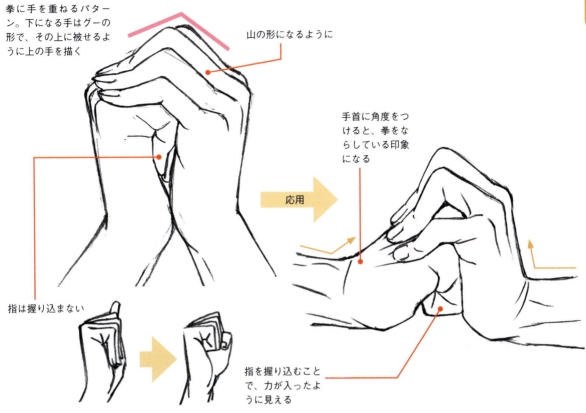

🟧 **手を重ねる**

学校や会社の行事、冠婚葬祭などのかしこまった場では、手を前に重ねることがあります。背中側で手を重ねるのはラフな印象になります。

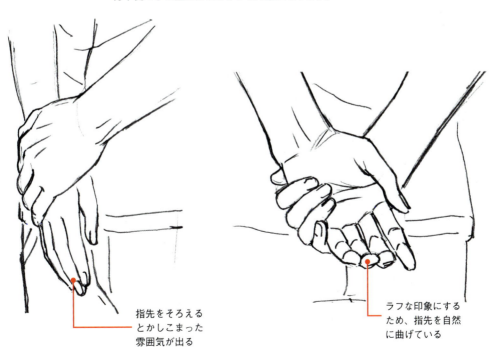

指先をそろえるとかしこまった雰囲気が出る

ラフな印象にするため、指先を自然に曲げている

CHAPTER3
実例ポーズ集

日常生活のポーズ

日常生活でも手を使うシーンが数多くあります。さまざまなシチュエーションの手の動きを見てみましょう。

 寝起きの、あくびをしながら伸びをする定番のポーズです。

手のひらは、立体感を意識してふっくらと

手首は外側に曲げる

通常のパーの形より、指を外側に反らせることで、のびをして力が入っている様子が表現できる

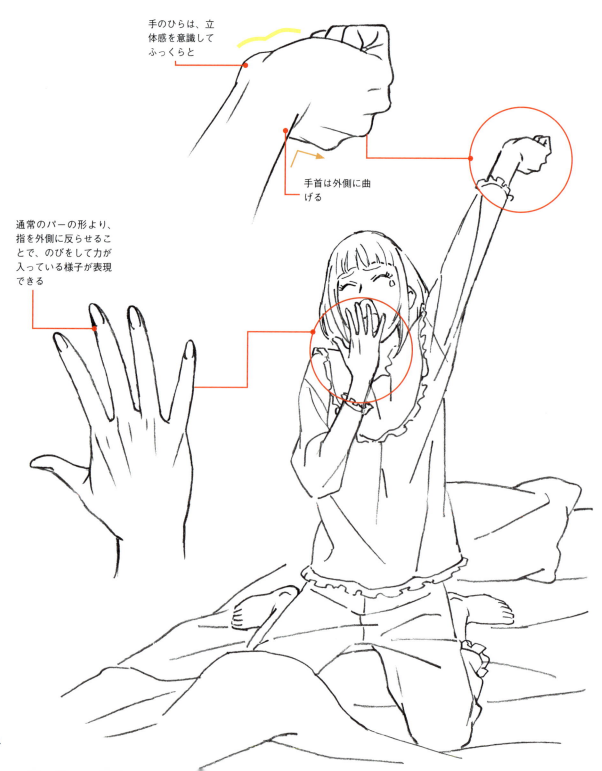

● 顔を洗う　顔を洗う動作には、さまざまな手の形があります。それぞれ見てみましょう。

蛇口をひねる

- 指は蛇口の形に沿って曲げる
- 親指は手のひらにくっつける

水をすくう

- 水がこぼれないように、手と手は密着するように

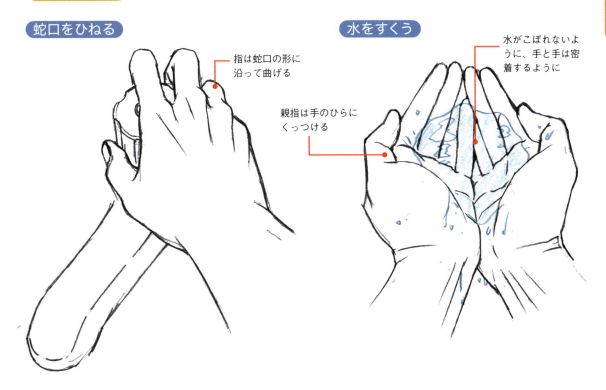

顔を洗う

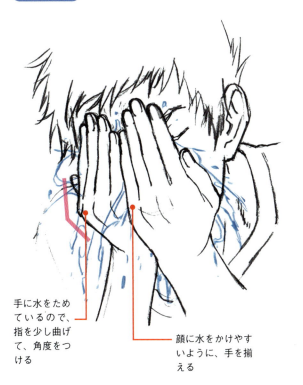

- 手に水をためているので、指を少し曲げて、角度をつける
- 顔に水をかけやすいように、手を揃える

タオルで拭く

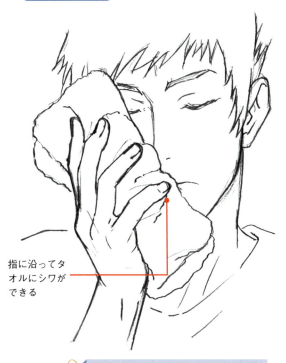

- 指に沿ってタオルにシワができる

> 柔らかいものを持つときは、指をゆるく曲げたりして、優しく持っているような印象にしています。

CHAPTER3
実例ポーズ集

● 勉強をする　　鉛筆は、人によりさまざまな持ち方があります。ここでは綺麗な持ち方を例に描いています。

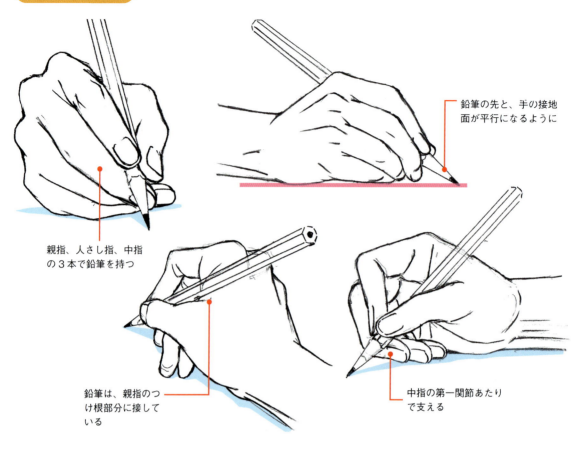

● 本を読む　　本の大きさにもよりますが、両手で持ったり片手で持ったりと持ち方もさまざまです。

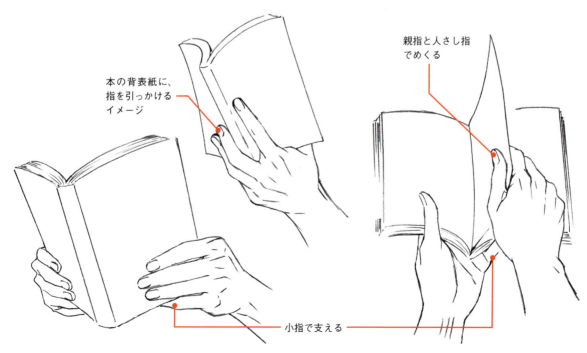

● 車の運転　車のハンドルは持ち方や、持つ位置でキャラクターの性格を表すことができます。ここでは基本になる持ち方で描いています。

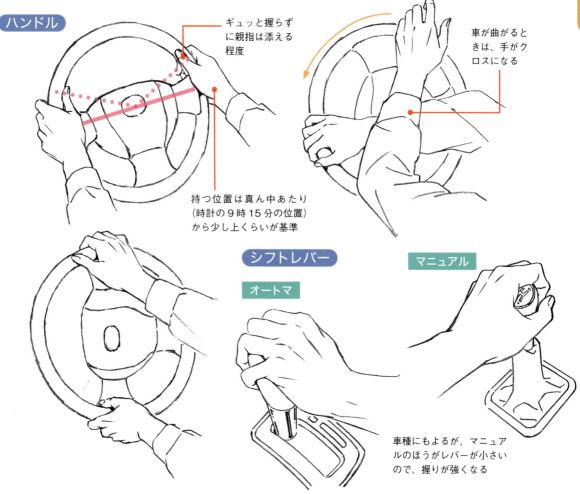

● タバコを吸う　最近は描写が減っていますが、タバコを吸う仕草の人気は高いです。人によりさまざまな持ち方があるので、キャラクターづけにも活用できます。

CHAPTER3
実例ポーズ集
服を着る

服を着る動作は、日常の何気ない動作の他に、ファッション誌のような決めポーズとしても活用できる動作がたくさんあります。

眼鏡　眼鏡をかけたり、なおす仕草は、マンガやアニメでは、キャラクターづけとしてもよく出てくるポーズのひとつです。

テンプル（つる）の部分を親指と人さし指で挟んで、眼鏡をかける

眼鏡のフレームをつまむポーズ。インテリなキャラクターや気取ったキャラクターの印象

中指で眼鏡をなおす仕草。手と顔の大きさの対比に注意

● 帽子

キャップ、ハットなど帽子にもさまざまな形があります。

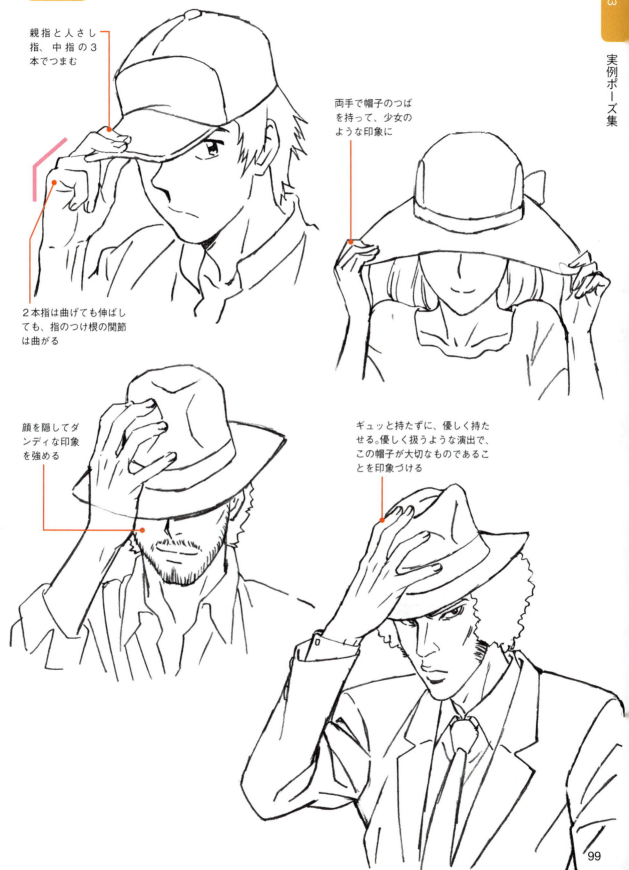

親指と人さし指、中指の3本でつまむ

2本指は曲げても伸ばしても、指のつけ根の関節は曲がる

両手で帽子のつばを持って、少女のような印象に

顔を隠してダンディな印象を強める

ギュッと持たずに、優しく持たせる。優しく扱うような演出で、この帽子が大切なものであることを印象づける

CHAPTER3
実例ポーズ集

● ジャケット

袖を通すほうの手は、力を入れず自然な形に

服を掴む形はグーの形をベースにし、人さし指で動きを出した

親指は服で隠れるので見えない

● ポケット

ポケットに手を入れるポーズは、カッコイイ男の子や、ワイルドなキャラクターに似合います。

● 萌袖

手が隠れ、指先だけ見えている萌袖は、可愛い女の子によく使われるポーズです。

指をすべて曲げてしまうと、グーのようになってしまうので、演出をつけて動きを出す

ポケットの縁にカーブをつけて、手の立体感を表現する

親指を引っかけた部分にシワができる

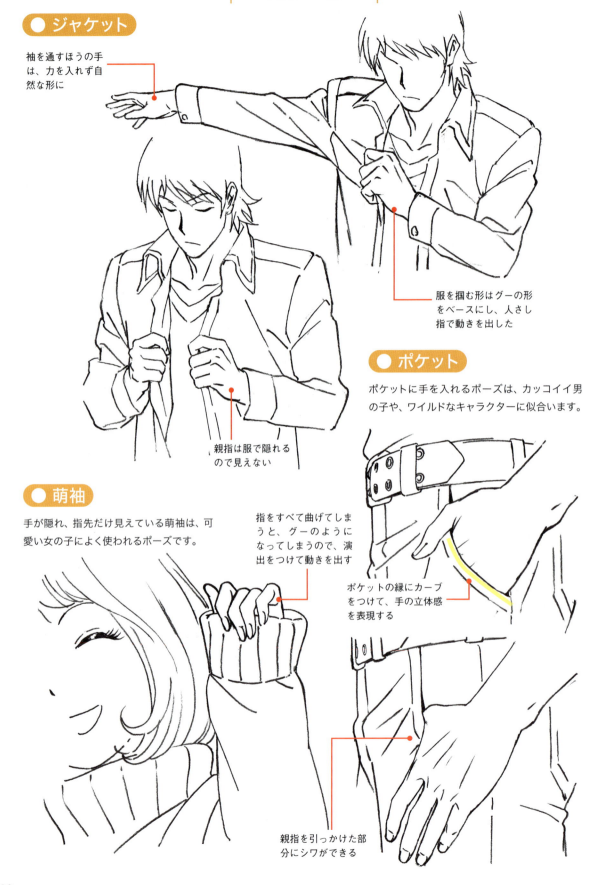

Column 腕の動きで表現の幅を広げよう

ワンピースの裾をつまんでいる女の子のイラストですが、ポーズの違いでキャラクターの性格を表現しています。
手だけでは感情を表現しきれないときは、腕も使って表現の幅を広げてみてください。

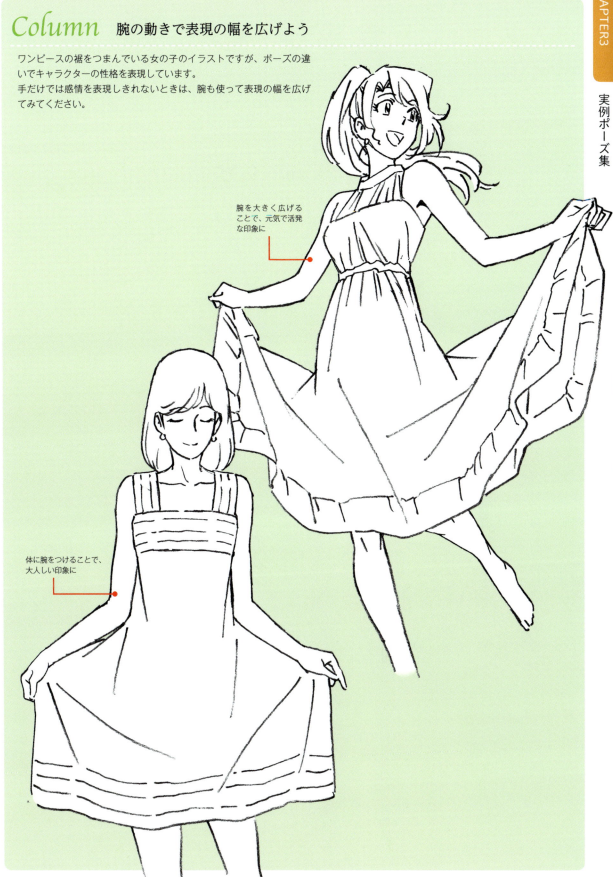

腕を大きく広げることで、元気で活発な印象に

体に腕をつけることで、大人しい印象に

CHAPTER3
★★★
実例ポーズ集

食事シーン

生活の中で欠かせない食事のシーン。箸やナイフ、フォーク、スプーンなどの持ち方を見てみましょう。

● 箸を使う　　箸を持つポーズは、描くのが難しいポーズのひとつでもあります。箸を支える指や動かすポイントを確認しながら見ていきましょう。

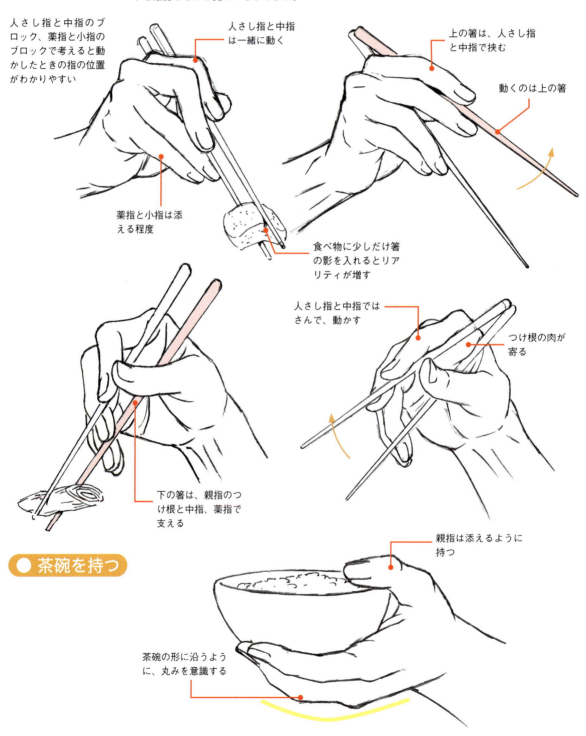

- 人さし指と中指のブロック、薬指と小指のブロックで考えると動かしたときの指の位置がわかりやすい
- 人さし指と中指は一緒に動く
- 薬指と小指は添える程度
- 上の箸は、人さし指と中指で挟む
- 動くのは上の箸
- 食べ物に少しだけ箸の影を入れるとリアリティが増す
- 下の箸は、親指のつけ根と中指、薬指で支える
- 人さし指と中指ではさんで、動かす
- つけ根の肉が寄る

● 茶碗を持つ

- 親指は添えるように持つ
- 茶碗の形に沿うように、丸みを意識する

● カトラリー

ナイフとフォークやスプーンなどのカトラリーを持ったポーズを解説します。

3本指で握り、親指で支える。伸ばした人さし指で、力を入れて切る

フォークもナイフと持ち方は同じ

ティースプーンは、人さし指、中指、親指の3本で持つ

ソーサーを持たせ、優雅な印象を演出

CHAPTER3
実例ポーズ集

● グラス

グラスは形によって持ち方が異なりますが、シャンパングラスの場合、日本では脚部分（ステム）を持つと良いとされています。国際的な場ではボウル部分を持つこともあるので、シチュエーションによって使い分けましょう。

脚を持つ場合、親指、人さし指、中指の3本で持つ

パーティーなどの場では、小指に演出をつけて気取った印象に

● マグカップ

マグカップの持ち方にルールはありません。ルールがない分個性が出ます。どこで支えているかを意識して描くようにしましょう。

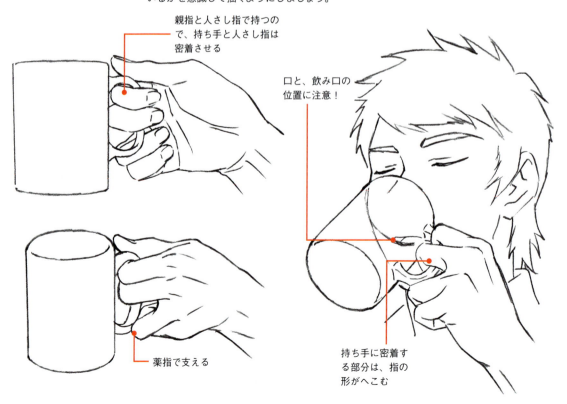

親指と人さし指で持つので、持ち手と人さし指は密着させる

口と、飲み口の位置に注意！

薬指で支える

持ち手に密着する部分は、指の形がへこむ

Column 数字によって指の形が違う？

タイトルだけ読むと、どういうこと？となりそうですが、手で数字を表すとき、立てている指の数により、曲げた指の形にも違いが出ます。それぞれ見てみましょう。

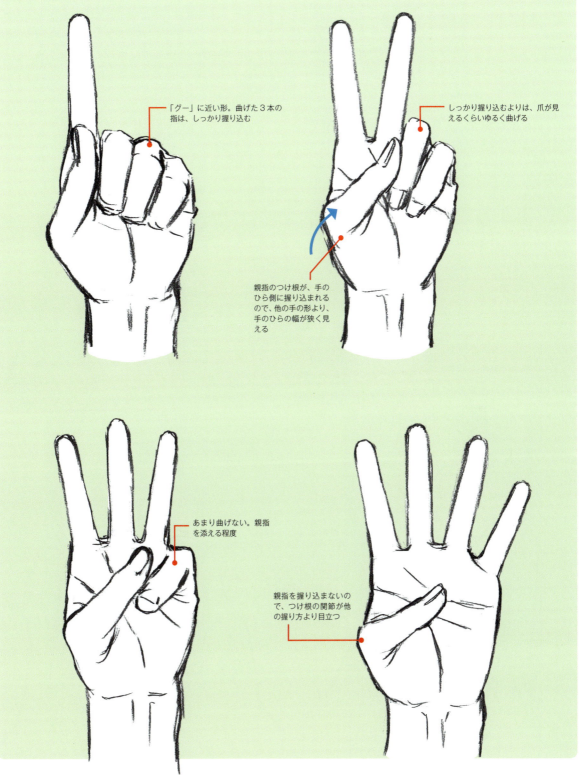

「グー」に近い形。曲げた3本の指は、しっかり握り込む

しっかり握り込むよりは、爪が見えるくらいゆるく曲げる

親指のつけ根が、手のひら側に握り込まれるので、他の手の形より、手のひらの幅が狭く見える

あまり曲げない。親指を添える程度

親指を握り込まないので、つけ根の関節が他の握り方より目立つ

CHAPTER3

実例ポーズ集

物を持つ

物にはだいたい決まった大きさがあります。実物を見ながら物の大きさを意識して描くのが重要です。

● スマホを持つ

最近のスマートフォンはサイズが大きいものが多く、女性の手では片手で操作するのが難しいです。手に持つ物の場合は男性と女性で、手を置く位置に注意して描いています。ここではiPhone6をイメージしたサイズ感で描いています。

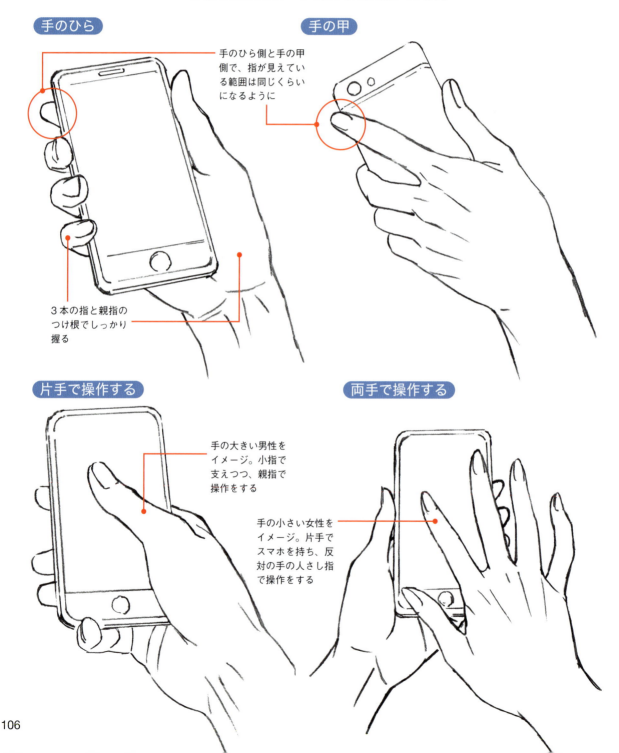

手のひら

手のひら側と手の甲側で、指が見えている範囲は同じくらいになるように

手の甲

3本の指と親指のつけ根でしっかり握る

片手で操作する

手の大きい男性をイメージ。小指で支えつつ、親指で操作をする

両手で操作する

手の小さい女性をイメージ。片手でスマホを持ち、反対の手の人さし指で操作をする

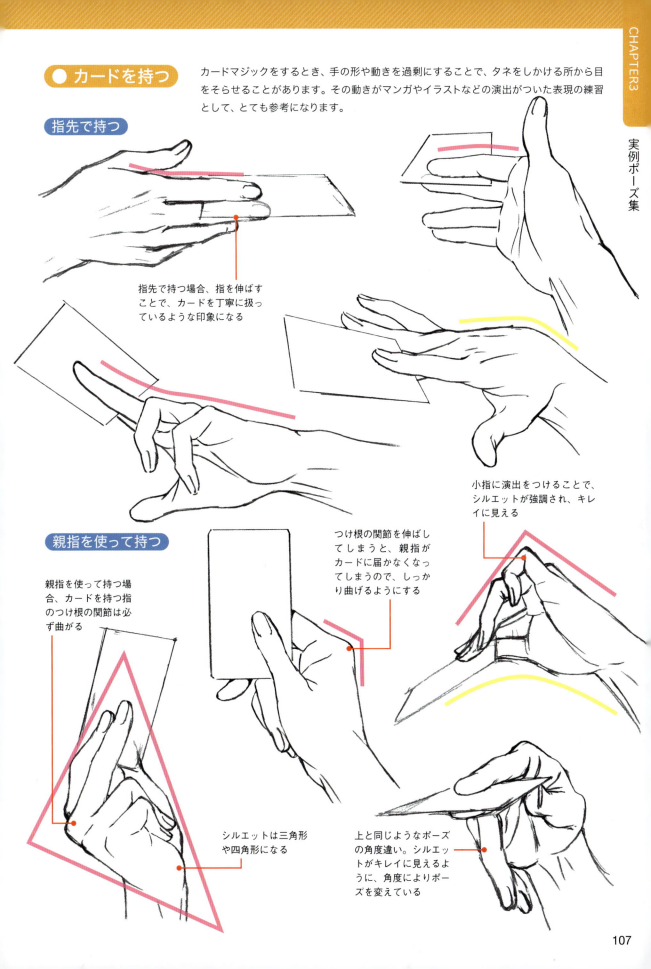

CHAPTER3
実例ポーズ集

● 棒を持つ

棒でまとめていますが、手すりや釣り竿、鉄パイプなど、棒状の物を持つポーズ全般に応用ができます。太さで持ち方が変わるので持っている棒の太さをしっかり意識しましょう。

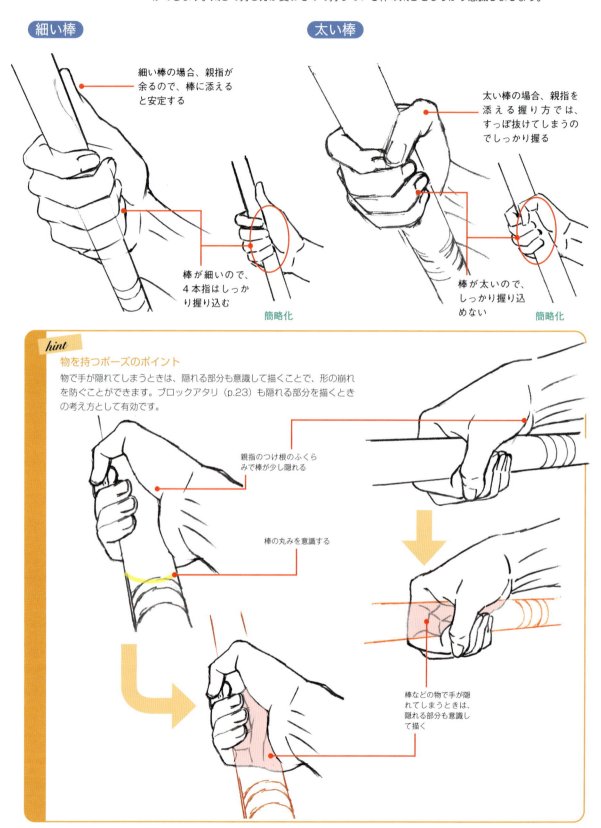

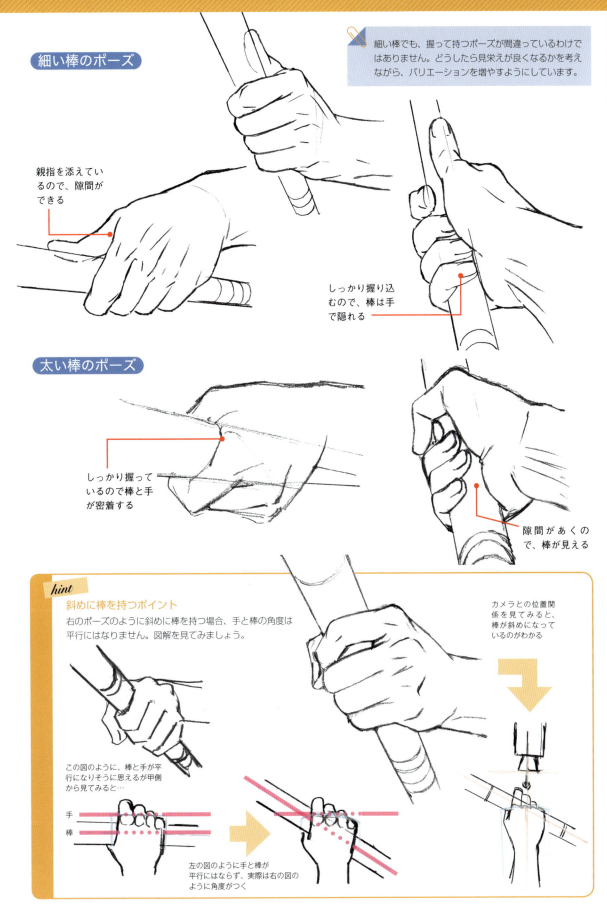

CHAPTER3
★★★
実例ポーズ集

アクション

パンチ、ビンタのような攻撃や、戦う前の構えなどアクションに関係したポーズを集めました。

 パンチ   アクションなどの勢いは、基本タッチで表現しています。アニメの場合は動きで表現しますが、タッチを加えることで、より勢いのあるパンチを描くことができます。

タッチあり

- 輪郭を少し太くして、メリハリを出す
- 動いている方向に向かってタッチを入れる

タッチなし

タッチなしでもパンチをしているポーズになるが、勢いが弱まってしまう

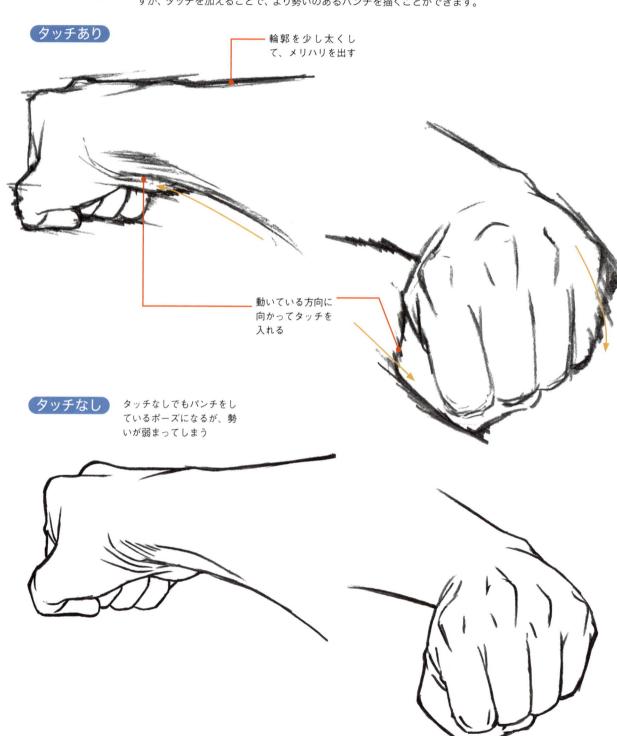

● チョップ　パンチで解説した、タッチを活かして勢いを表現します。チョップの場合、指をしっかり揃えるのがポイントです。

全部の線にタッチを入れると、勢いは表現できるがくどくなってしまう。そういったときは、輪郭線を中心にタッチを入れ、内側の線のタッチを控えめにするとメリハリのある絵になる

● 構え　構えのポーズは、キャラクターが体得している武術によって異なります。実際にあるものを参考にしても良いですが、さまざまな流派を、混ぜ合わせてアレンジしてみるのも面白いです。

左右の手で距離があるときは、手前の手と奥の手で、描き込みの量を変えることで、より距離感を強く演出することができる

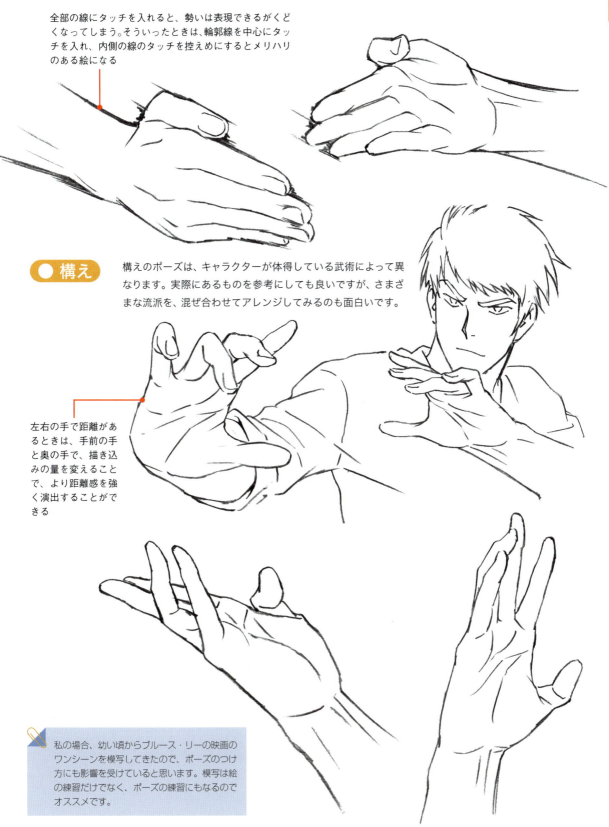

私の場合、幼い頃からブルース・リーの映画のワンシーンを模写してきたので、ポーズのつけ方にも影響を受けていると思います。模写は絵の練習だけでなく、ポーズの練習にもなるのでオススメです。

CHAPTER3
実例ポーズ集

応戦する　　2人の絡みの場合、力の入れ具合の表現に注意しましょう。

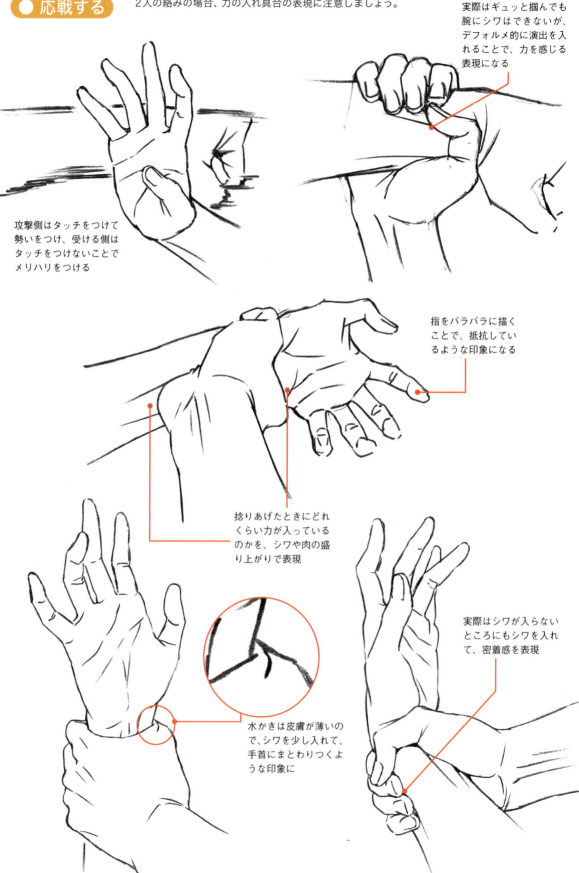

実際はギュッと掴んでも腕にシワはできないが、デフォルメ的に演出を入れることで、力を感じる表現になる

攻撃側はタッチをつけて勢いをつけ、受ける側はタッチをつけないことでメリハリをつける

指をバラバラに描くことで、抵抗しているような印象になる

捻りあげたときにどれくらい力が入っているのかを、シワや肉の盛り上がりで表現

実際はシワが入らないところにもシワを入れて、密着感を表現

水かきは皮膚が薄いので、シワを少し入れて、手首にまとわりつくような印象に

● ビンタ　あえて歪ませることで、勢いを表現することもあります。

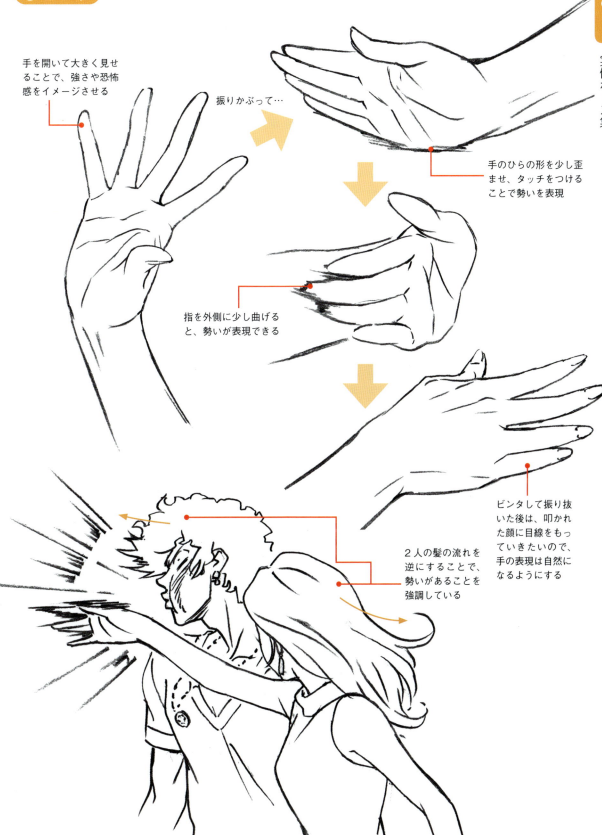

CHAPTER3
★★★
実例ポーズ集

武器

アクションの中でも武器を使ったものは、人気があるポーズです。銃や刀などさまざまな角度のポーズを見てみましょう。

● 銃　銃はアングルによって見え方が異なり、描くのが難しいアイテムでもあります。今回はSIG SAUER系の銃をイメージして、さまざまな角度からのポーズを描いてみました。本来銃は両手で構える、銃の衝撃に負けない正しい持ち方があります。ここでは正しい銃の持ち方よりは、見栄えを優先して描いています。

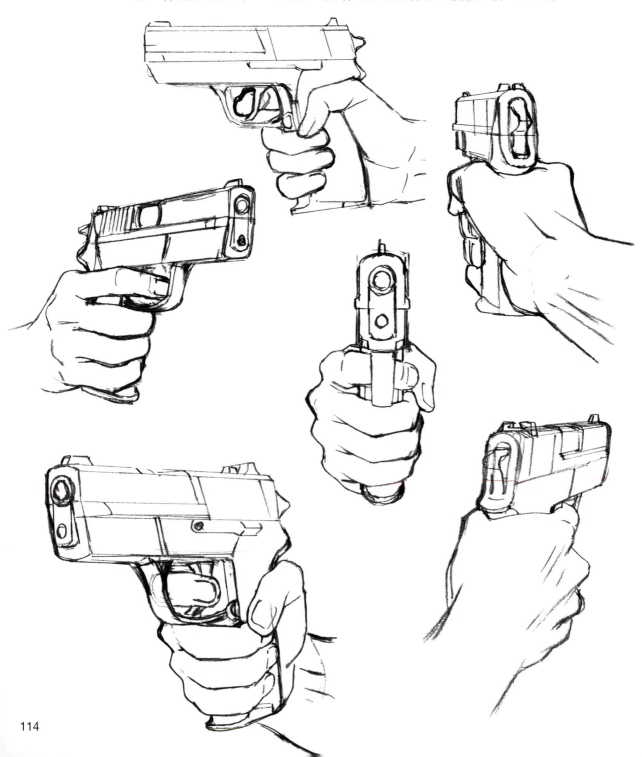

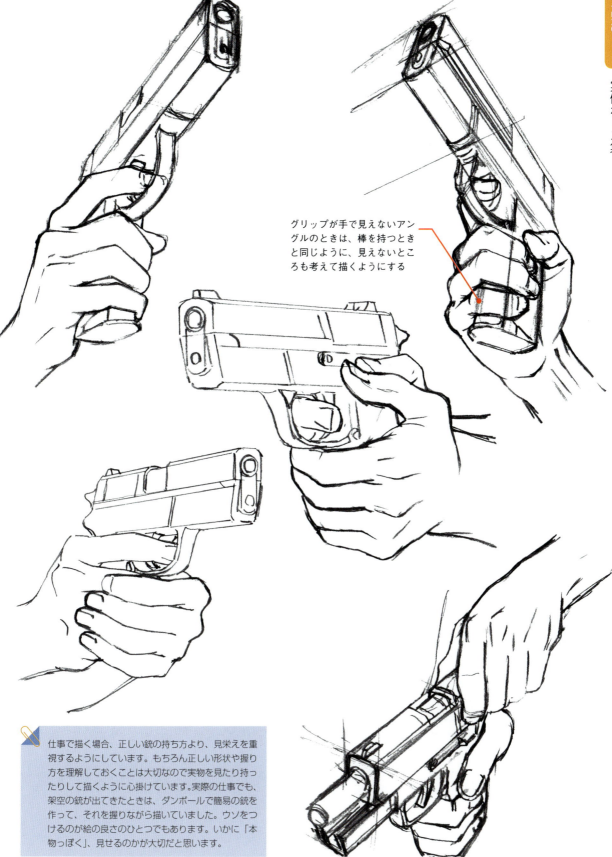

CHAPTER3 実例ポーズ集

グリップが手で見えないアングルのときは、棒を持つときと同じように、見えないところも考えて描くようにする

仕事で描く場合、正しい銃の持ち方より、見栄えを重視するようにしています。もちろん正しい形状や握り方を理解しておくことは大切なので実物を見たり持ったりして描くように心掛けています。実際の仕事でも、架空の銃が出てきたときは、ダンボールで簡易の銃を作って、それを握りながら描いていました。ウソをつけるのが絵の良さのひとつでもあります。いかに「本物っぽく」、見せるのかが大切だと思います。

CHAPTER3
実例ポーズ集

● 日本刀　日本刀は流派によっても持ち方が異なるようなので、一例として描いています。

基本の握り

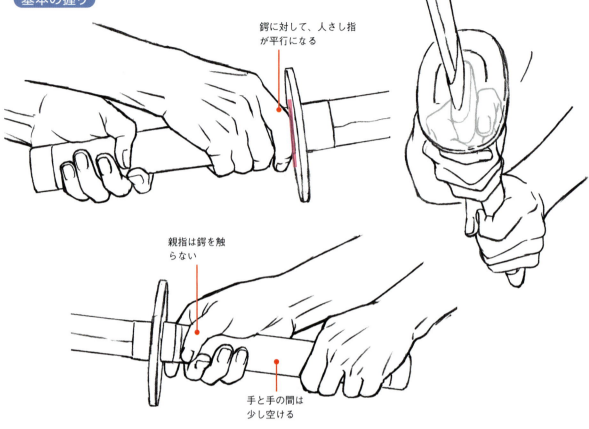

鍔に対して、人さし指が平行になる

親指は鍔を触らない

手と手の間は少し空ける

逆手握り

『ルパン三世』の石川五右衛門や『座頭市』のように、刀を逆手で持つのも、絵になります。

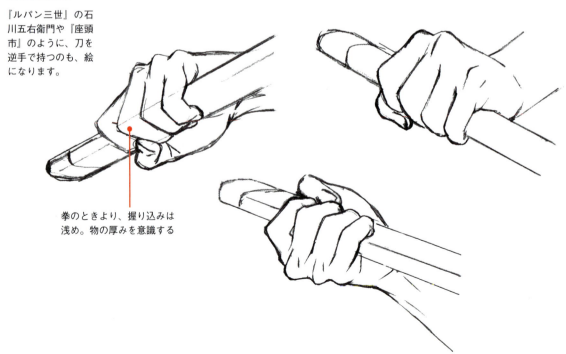

拳のときより、握り込みは浅め。物の厚みを意識する

● ナイフ　さまざまな種類のナイフがありますが、ここでは折りたたみ式のバタフライナイフで描いてみました。

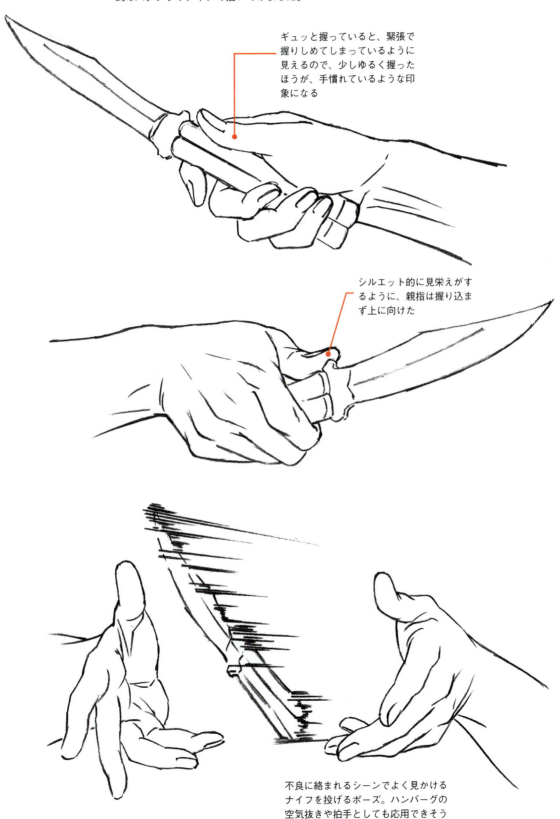

ギュッと握っていると、緊張で握りしめてしまっているように見えるので、少しゆるく握ったほうが、手慣れているような印象になる

シルエット的に見栄えがするように、親指は握り込まず上に向けた

不良に絡まれるシーンでよく見かけるナイフを投げるポーズ。ハンバーグの空気抜きや拍手としても応用できそう

CHAPTER3
実例ポーズ集

 棒術

棒を持つ（p.108）でも解説しましたが、槍や棒術のように振り回す前提の場合は、しっかり握り込むようにしますが、1枚絵で見せるようなポーズのときには、左右の手で違う持ち方をするのも絵になります。

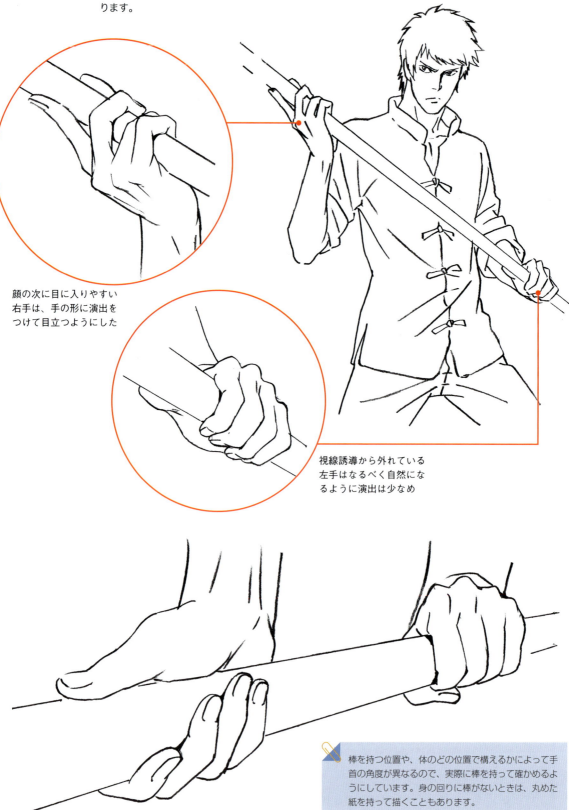

顔の次に目に入りやすい右手は、手の形に演出をつけて目立つようにした

視線誘導から外れている左手はなるべく自然になるように演出は少なめ

棒を持つ位置や、体のどの位置で構えるかによって手首の角度が異なるので、実際に棒を持って確かめるようにしています。身の回りに棒がないときは、丸めた紙を持って描くこともあります。

Column 感情や気持ちを伝えるポーズ

OKやGOODなど、感情を手で伝えることがあります。ここでは一部ですが、さまざまなポーズを紹介します。ハンドサインは、国によって意味合いが異なる場合があるので、使い方には注意してください。

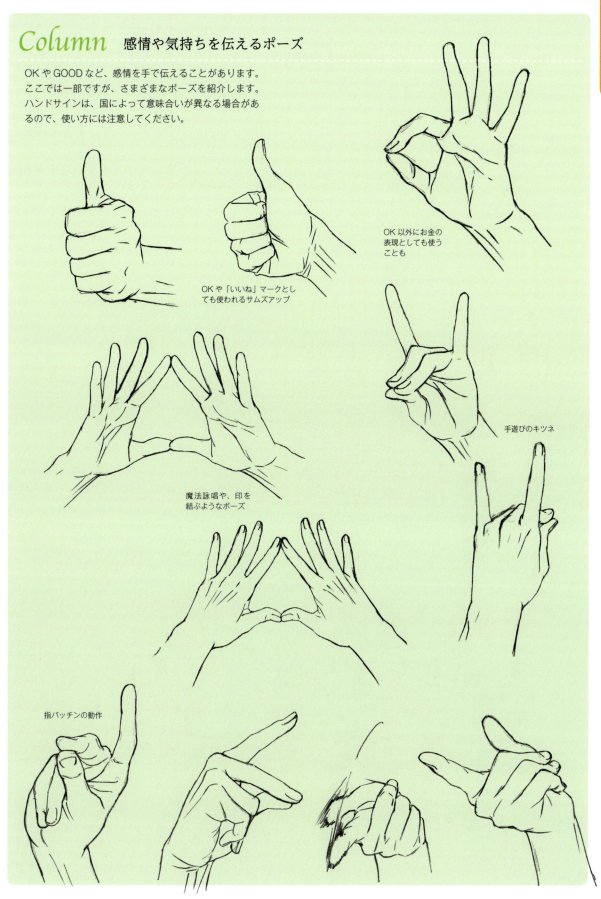

OK以外にお金の表現としても使うことも

OKや「いいね」マークとしても使われるサムズアップ

手遊びのキツネ

魔法詠唱や、印を結ぶようなポーズ

指パッチンの動作

CHAPTER3
★★★
実例ポーズ集

楽器

楽器は、正しいコードや持ち方を見て描くことで本物らしい印象になります。実物をしっかり見るようにしましょう。

● ギター

ギターは弾くときに決まったコードがあります。左手でコードをおさえ、右手で弾きます（左利きの場合は、逆に持つことが多い）。なので、左手は正しいコードの手の形で描くとリアリティが増します。

エレキギター

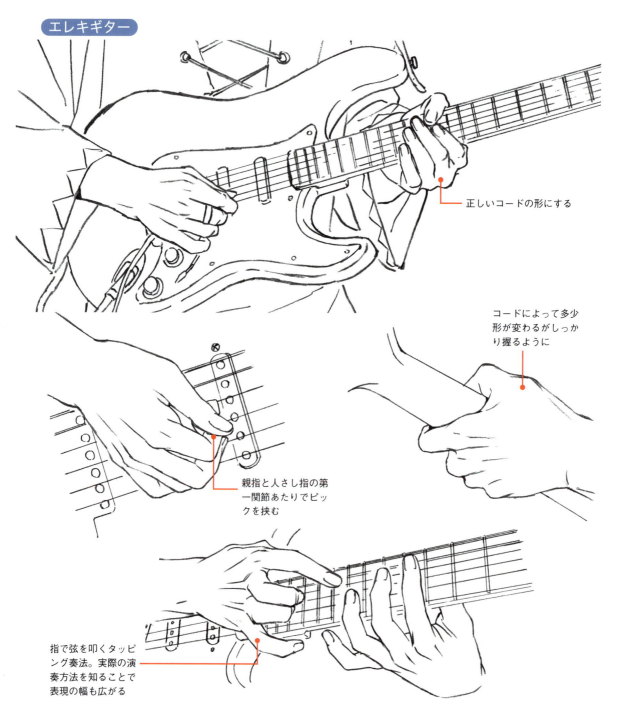

正しいコードの形にする

コードによって多少形が変わるがしっかり握るように

親指と人さし指の第一関節あたりでピックを挟む

指で弦を叩くタッピング奏法。実際の演奏方法を知ることで表現の幅も広がる

アコースティックギター

エレキもアコギも手の形は基本同じ

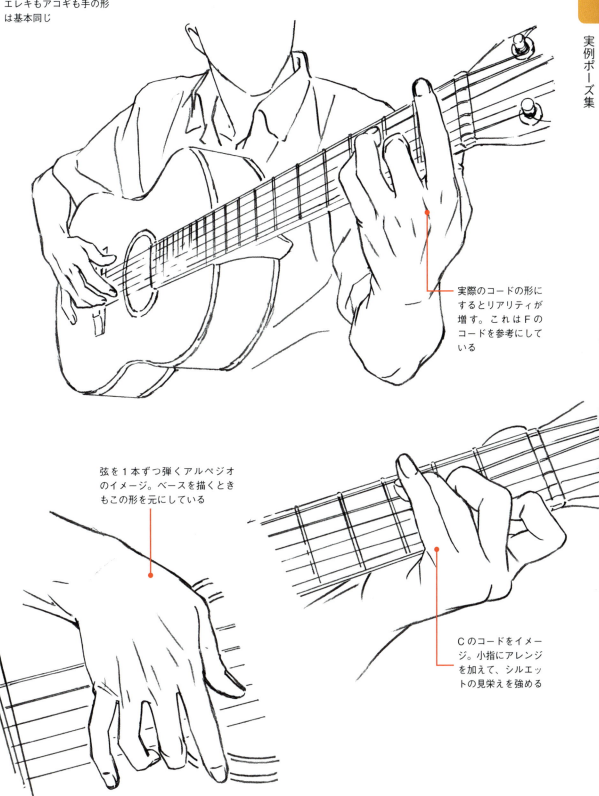

実際のコードの形にするとリアリティが増す。これはFのコードを参考にしている

弦を1本ずつ弾くアルペジオのイメージ。ベースを描くときもこの形を元にしている

Cのコードをイメージ。小指にアレンジを加えて、シルエットの見栄えを強める

CHAPTER3 実例ポーズ集

CHAPTER3
実例ポーズ集

● ドラム

ドラムのスティックは持ち方に種類があります。基本の持ち方はありますが、慣れてくればその人なりの持ち方になるので、神経質になる必要はありません。

持ち方

マッチドグリップ
スタンダードな持ち方で、手首の向きによって3タイプの持ち方がある

親指と人さし指でつまみ、残りの3本指でスティックを握る

レギュラーグリップ
トラディショナルグリップとも呼ばれ、マーチングバンドやジャズなどで見かける持ち方。右手はマッチドグリップと同じで、左右の持ち方が異なるのが特徴

親指のつけ根に挟み、中指と薬指でスティックを固定する

叩き方

ドラムのスティックさばきの早さを表現するのに、手に勢いのタッチをつけることも

親指と人さし指で挟むように

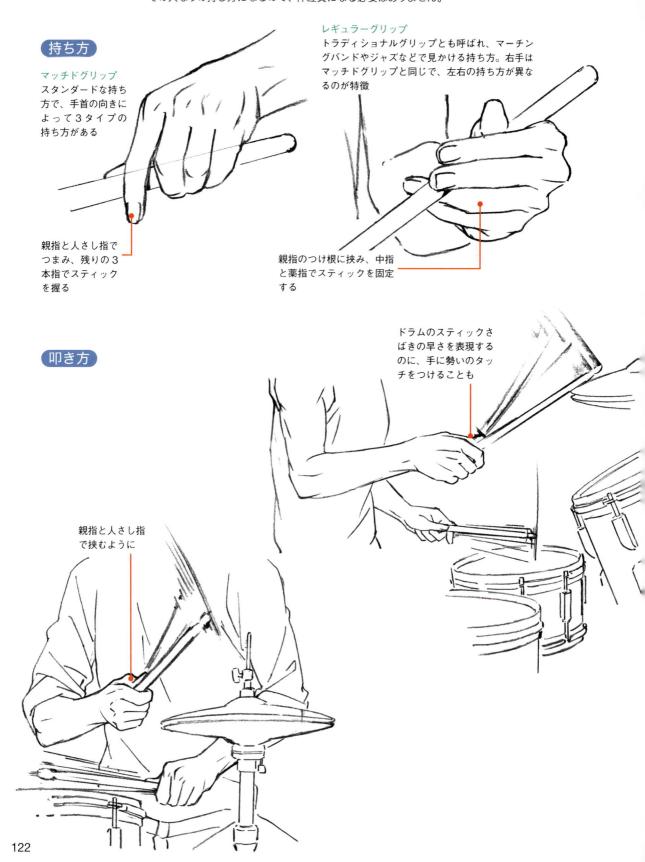

● ピアノ

ピアノは優雅な印象があるので、やや女性的な手の形を意識するようにしています。

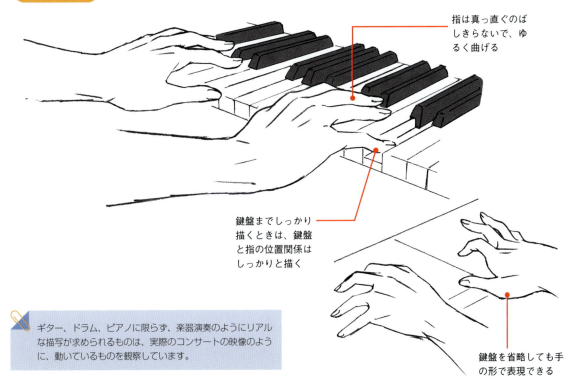

指は真っ直ぐのばしきらないで、ゆるく曲げる

鍵盤までしっかり描くときは、鍵盤と指の位置関係はしっかりと描く

鍵盤を省略しても手の形で表現できる

> ギター、ドラム、ピアノに限らず、楽器演奏のようにリアルな描写が求められるものは、実際のコンサートの映像のように、動いているものを観察しています。

● ボーカル

ボーカルのマイクの持ち方は、それこそ10人いれば10人が違う持ち方をすることもあります。間違いはないので、自由な発想で描いてみてください。

親指を立てたり

ギュッと握ってみたり

> マイクの持ち方に正解はないと思います。私は70年代ハードロックが好きなので、その辺りの音楽をたくさん見て、参考にしています。アイドルらしい、演歌っぽいなどさまざまなジャンルを組み合わせても面白いかもしれません。

CHAPTER3 実例ポーズ集

CHAPTER3
★★★
実例ポーズ集

ビジネスシーン

スーツのネクタイや、パソコン業務などビジネスシーンのポーズを集めました。

● ネクタイ

サラリーマンのユニフォームでもあるスーツに欠かせないアイテムであるネクタイ。つけたりはずしたりは人気のポーズでもあります。

結ぶ　　　　　　　　　ゆるめる

ネクタイの結び目に人さし指を入れて、左右に振りながらゆるめる

ネクタイの結び目を押し潰すようなイメージ

ネクタイの結び目を持って、首元まで締める

124

● マウス

親指、薬指と小指でマウスの側面を持つ

手でマウスを包み込むようなイメージ。手の形は少し弧を描いた感じになる

● キーボード

ピアノと似ているが、ピアノのように指はそろえない

キーボードは途中省略したりして、情報量を調整している

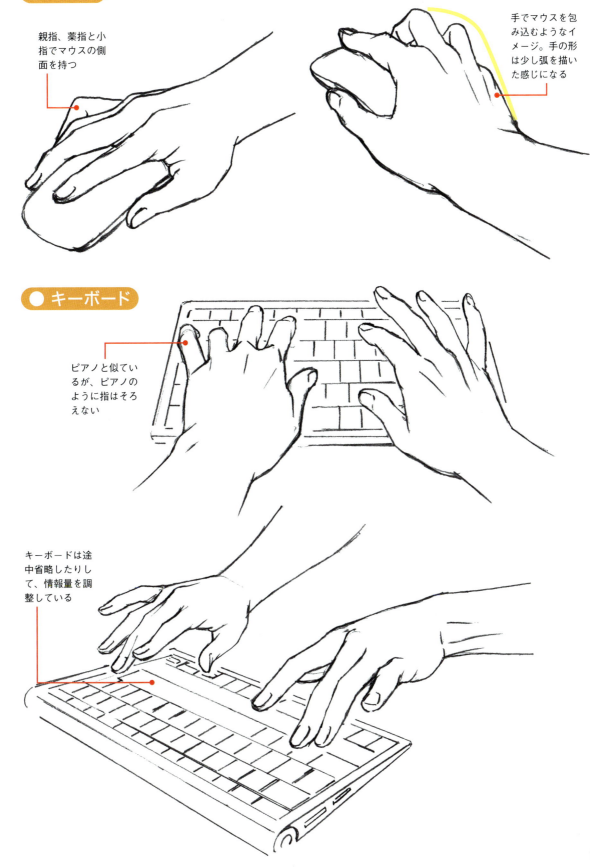

CHAPTER3
実例ポーズ集

2人のポーズ

握手やエスコートなど2人で行うポーズは、距離感などで関係性を表すことができます。

● 握手

● 腕を掴む

力を入れて掴んでいる様子をシワで表現

手の絡みが複雑なときは、見えない部分も意識する

● 手を繋ぐ

男性の手を少し大きく描くことで、手だけでも男女の体格差の違いが表現できる

女性の手を包むように

指を絡める表現はp.90を参考に

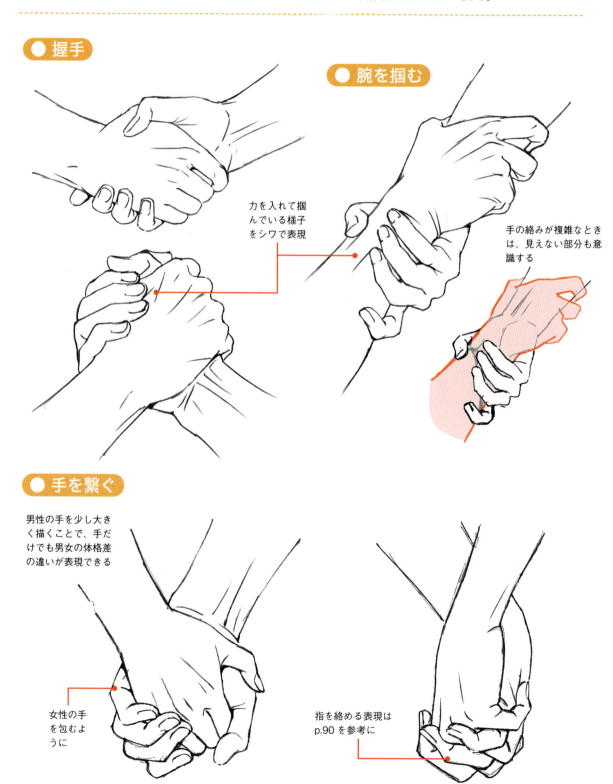

● エスコート

結婚式やパーティーなど、局地的ではあるが、よく見るポーズ

女性は小指に演出をつけるなど、男女にポーズの差をつけても良い

男性の手に添える程度なので、手は密着させないで、ふんわり曲げる

親指でお互いの手を包むようなイメージ

● ハート

3本の指は、のばさずにゆるく曲げる。小指に演出をつけてシルエットに動きを出してもよい

親指はゆるやかなカーブにすると、自然に見える

力が入るので、手の甲の筋が目立つ。さらにシワをつけることで、力の強さを強調

● 押さえつける

押さえつけられるので、手首にシワが寄る

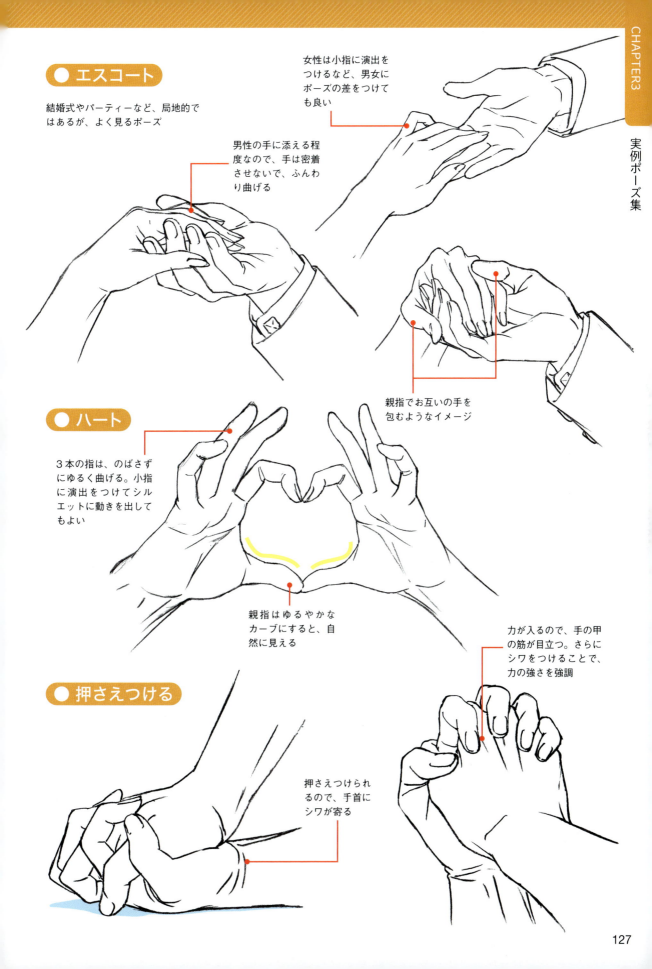

CHAPTER3 実例ポーズ集

プロの現場

実際の仕事では、どんなところに注意して手に演出をつけているのか、メインキャラクターデザインを務めたTVアニメ『絶対可憐チルドレン』のキャラクターで解説していきます。

絶対可憐チルドレンとは
21世紀、超能力者・エスパーの数は増え続け、あらゆる分野でエスパーが活躍していた。
最高のエスパー・レベル「7」の三人の少女、薫・葵・紫穂（通称「ザ・チルドレン」）。教育係の天才科学者・皆本光一と共に成長していく超能力少女アクションコメディー。
アニメは小学生編が、2008年〜2009年までテレビ東京などで放送された。原作は現在も週刊少年サンデーにて大好評連載中。

キャラクターの特色を活かした演出

アップのときは、顔に目が行きますが、キャラクターの性格にあった演出を手にもつけています。14話〜26話エンディングテーマのカットで見てみましょう。

●やんちゃさの演出

ザ・チルドレンのリーダー的存在の明石薫は、元気でやんちゃな性格。
しっかり開いたピースや、肘をあげて身体を大きく使うことで、見る人に元気な印象を与えます。
手ではありませんが、ウィンクの可愛らしい表情に、少しつり上げた眉を合わせて、やんちゃな印象も追加しています。

●真面目さの演出

ザ・チルドレンの中では比較的大人しく真面目な性格の野上葵。
葵の手は超能力を使うときのポーズです。可愛らしさを前面に出したキャラの場合は、人さし指と小指を、少し内側に向けて描くことで可愛さを表現しますが、葵の場合は真面目な性格なので、手も素直にまっすぐ伸ばした形にしています。
子供の手なので、あまり関節は強調せずに柔らかさを出すようにしました。

●大人びた子供の演出

三宮紫穂は大人びて、落ち着いた性格ですが、相手の心や過去が読めるため、腹黒な一面も持っています。
手も2人よりも大人びたポーズをさせています。さらに小指を曲げたりしてやや演技がかったポーズをすることで、キャラクターの性格の違いを表現しています。よく見るとマイクを持つ左手も小指を曲げています。「紫穂だったらこういうポーズで、自分を演出するだろうな」と考えながら描きました。

注目度を意識した立ち絵の演出

立ち絵や全身のカットの場合、注目させたい部分に演出をつけるようにしています。ここでは、DVD9巻と10巻のジャケットイラストで見てみましょう。

●表情を強調する演出

超能力犯罪組織「パンドラ」を率いる兵部京介のイラストです。
手が顔の近くにあるので、表情を強調するために、手にも工夫を凝らしています。
指先に力を入れているような手の形で、苦悶の表情を強調します。

●演出をつけすぎない

銃口を正面に向ける皆本光一のイラストです。ここでの見せ所は必死な表情なので、手の演出はあまりつけていません。このような、ものを持つ手や何か作業をするシーンの場合、わざとらしい演出はつけずに、実際に自分でポーズを取ってみて、自然になるように心がけています。

●シルエットを単調にしない演出

左手は自然に下ろした形です。注目されるポイントではありませんが、実は少しだけ演出をつけています。たとえば、人さし指を真っ直ぐにしてみたり（自然な場合、ゆるく曲がる）他の指もゆるく曲げてみたりと、シルエットを見たときに、単調にならないように意識しました。

©椎名高志／小学館・超能力支援研究局・テレビ東京

アニメーター座談会

加々美さんとも縁の深いアニメーターの内海紘子さん、蛯名秀和さんをお迎えして、加々美さんの描く手の魅力について語っていただきました。

内海 紘子 × 加々美 高浩 × 蛯名 秀和

内海 紘子
アニメ演出家、アニメーター、監督。テレビアニメ『Free!』『Free!-Eternal Summer-』で初監督を務める。『BANANA FISH』監督、『けいおん!』など原画や絵コンテ、演出で参加した。

蛯名 秀和
アニメーター。『遊☆戯☆王シリーズ』のテレビアニメ、劇場版で作画監督、原画を務める。『Fate/Apocrypha』にモンスターデザイン、総作画監督、原画で参加した。

あこがれの人と仕事ができる

――みなさんが、初めて現場でお会いしたときの思い出からお話しいただけますか?

蛯名 確か、自分が27歳のころだったと思います。劇場版『遊☆戯☆王 THE DARK SIDE OF DIMENSIONS』で加々美さんが総作画監督(以下:総作監)、私がパート作画監督(同:パート作監)を担当したときの打ち合わせで初めてお会いしました。

内海 私も同じ作品の原画を担当したときにお会いしたのが最初です。高校生のときにアニメーターを目指すキッカケになったのが加々美さんだったので、あこがれの方に会えて、とても感激したのを憶えています。

蛯名 パート作監って、原画マンが描いた絵を加々美さんの絵に近づけるようにするのが仕事。だから完璧とは言わないけれど、できるだけ絵を近づけるように、設定とか過去に出た加々美さんの総作監作品を何度も見て、似せるようにしました。言葉は悪いかもしれませんが、見た人を(加々美さんの絵だと)騙せるくらいにしようと。

内海 蛯名さんの絵を見たときに、私「加々美さん2世だ……遂に後継者が現れた」って思いました。

蛯名 こ、後継者! それは初めて聞いた(笑)。

加々美 いろんな絵を見て勉強してますよね。研究熱心です。『遊☆戯☆王』のときは、私の絵を一生懸命見て、その絵の特長やクセを掴むまで、相当努力して合わせてくれたと思います。

――お仕事をご一緒されたお2人から見た、加々美さんの絵の魅力ってどんなところですか?

内海 カッコイイところ! その一言に尽きますが、手だけではなく構図込みで画面全体の一体感があるところ。あと圧倒的画力の暴力(笑)。特に「手」に関しては、ファンの方もいらっしゃるし、マッド(MAD:動画や音声を編集、加工した作品)なんか作られちゃうくらいです。パッ、と見ただけで加々美さんだとわかる特徴がありますよね。大きく手前に来る構図とか、実際にはありえない広角を生かした画面作りは、アニメならではの誇張で、そういう部分にとても惹かれましたね。

蛯名 そう、そう。それから、芝居の中でのキャラクターに合わせた描き分け、例えば、指でも男性なら力強く、女性なら繊細な感じに動かす。それを描き分けるところが非常に勉強になりました。

加々美 ちゃんとシッカリ見てくださっている。ありがたいですね。そういうところを意識して動かしていますし、演技を考えて手の形も描き分けたいと思っていますので。

内海　あと、細かい部分では加々美さんの描く「爪」が独特だなと思っていて。指を正面から見たときに先端のアール部分をその通りに描きませんよね。

左のように爪の先端にアールをつけて描くパターンがよく見られるが加々美さんはアーモンド型に描いている。

加々美　ああ、描きませんね。癖なんだと思います。同じように男性の指先でガッシリ描いた方がいいかもしれないときにもアーモンド状に細長くに描いちゃう。これも自覚している手癖なんです。それから「爪」の場合、甘皮と爪の境目を繋いで描きません。繋いじゃうとぎこちなく感じるんです。見ている人の印象にまかせる方がいい。

蛭名　影をつけて、爪と肌の境目を立体表現することはありますよね。

加々美　それはします。それからアップのときには爪の一部にハイライトを入れる。これを入れると肌と爪の違いの表現がハッキリします。これはやっているうちに、これでいいなと思うようになりました。

蛭名　それは、加々美さんが独自に編み出したのですか？　どなたかがやっていたんですか？

加々美　うーん。誰かの真似をした感覚はないかな。テレビシリーズだと何度もいろいろトライできるので、試行錯誤してたどり着いたと言えます。爪に関してはそんなポイントでやってきましたね。あと、手について言えば、パーツ毎に分解して考えるようにしています。各指とつけ根の部分、関節、手のひらも親指のつけ根（母指球）で分けたりしてシワなんかもつけやすく分けて描く。細かく細かく描く人もいますけど、パーツに分けて描くとデフォルメしやすい。

手にキャラクターの性格、感情を込める

――人間が実際にはできない動きを演出としてつけることはあるんですか？

蛭名　ああ、それはさっき言っていた広角の話なんかは実際にはあり得ませんよ。

内海　画面いっぱいにまで手は大きくはならない。実写では、そこまでオーバーパースにはなりません。

加々美　『遊☆戯☆王』だと、作品の性格上画面に向かってカードを突き出すシーンが多くなる。そうすると、デフォルメ的な演出が必要になるんです。

内海　前に加々美さんおっしゃってましたよね、デュエルが始まると、手元でしか表現できないので、手の芝居が増えたんだ、って。

加々美　そう。デュエルになったら同じようなシチュエーションばかりで、カードを出すヴァリエーションがなくなってきちゃうので色々と手の芝居、アクションを考えざるを得なくなるんです。

蛭名　そう言えば、一度マリクが、薬指だけ立てて、親指と人差し指、中指でカードを挟み、小指も畳んでるシーンがありました（『遊☆戯☆王デュエルモンスターズ』第140話）。あの指の折り方はキャラクターの不気味さを出す演出だと思いますが、実際にできる人は少ないでしょう。加々美さんあのポーズできるんですか？

加々美　できない、できない（笑）。シーン優先ですね。想像力で描いちゃう。異様な感じを出したかったんでしょう。

内海　ひと手間加えて、キャラクターの個性や魅力を表現されてますよね。

加々美　キャラクターの性格と感情ですかね。

蛭名　わかります。作監をしていると、新人さんで、たまに芝居に合っていない手を描いてくる人がいます。極端に言うと、普通にしゃべっているシーンで力強くこぶしを握っているとか。そこだけ浮き上がっちゃうのに気づいていない。

内海　走るシーンでも、みんな握りこぶしにしちゃう。実際に走るときにも、ギュッと握らずに軽く開いている方が多かったり。

加々美　走るときにバランスとりやすいよね、こぶしを握るより開いた方が。制御が利くし、早く走れる。陸上選手なんかでも手は軽く開いていますよ。

蛭名　グーの方が少ないですよ。リラックスして走るのならなおさら。

内海　手にも感情があって、悲しんでいる手、怒っている手、それぞれ違います。私もそのシーンに合うように手を描き分けることは、意識しています。

加々美　『Free!』のとき、手のアップを使って巧く感情表現を演出していましたよね。

内海　本当ですか！　そう伝わっていたならとても嬉しいです。

――キャラクターの話が出ましたが、そうしたものを生み出すにあたり、影響を受けた過去の作品はありますか？

加々美　Twitterなんかでも書いてますが、一番影響を受けたのはブルース・リーの映画ですね。それまでにない手の使い方をします。格闘技だとこぶしを握ったり、チョップの形だったりが多かった。だけどブルース・リーは独特な手の動きをしますよね。ものすごく印象的だったんで、スチール写真を一所懸命模写してました。彼の映画を見て「手」ってかっこいいんだ、と思いましたもの。原点はブルース・リー。

内海　大きく手前になめる構図は、実相寺昭雄さんの作品を参考にされていたとお聞きしたことがあります。

加々美　レイアウトとか構図的な影響ですね。昔の特撮シリーズなどで画面手前にモノがあって、カメラがなめるアングルで奥の人を撮るような感じです。アニメだとルパン三世ですかね。手がゴツゴツしていて今までにない絵でしたね。

蛯名　ルパンの手って、シャープじゃなくて手の甲とか丸みのある特殊な形をしていますよね。

加々美　そうです。手の甲に毛があったり、関節が強調されていたり独特な表現だったと感じます。手だけじゃなくて、ルパンの車とか時計、小道具が実在している物を描いているのも印象に残っています。そうしたものが混ざり合って影響を受けているんじゃないかな。

蛯名　自分も特撮モノを見て、絵を描いたりしてましたがさすがに、手に注目するまでには至りませんでした（笑）。単純にかっこいいから真似して描いていました。

内海　お2人とは逆に、私は実写モノには一切はまらずに、アニメばかり見ていました。なのでアニメ絵（デフォルメ）から描くようになったんです。しかも誇張した広角モノばかり描いていたから、この世界に入って、まったくデッサン力が足りなくて、とても苦労しました。

最近のアニメは影を極力減らす傾向、画力が問われる

蛯名　最近のアニメのトレンドとして、影が少なくなって柔らかい印象の絵が多くなってきたかなと感じています。一昔前は、影もガッツリ描き込んで、線も多い絵が多かったとおもいます。影が少ないと、デザインを簡略化して動かすことが多くなり、デッサンで立体感を出さなければならなくなるんです。

内海　絵は影とか線を重ねると立体的に見えてくるんですよ。2Dで表現するアニメで、それを減らしていくと画力が必要になる。画力がないと薄っぺらい絵になってしまうんです。奥行きをだすには、基本であるデッサンがますます重要になってくると感じています。

加々美　そういう視点で見ると、ジブリとかポケモンはやはり難しいことをやっています。

蛯名　加々美さんはどちらかと言えば、シッカリ影を描く方ですよね。

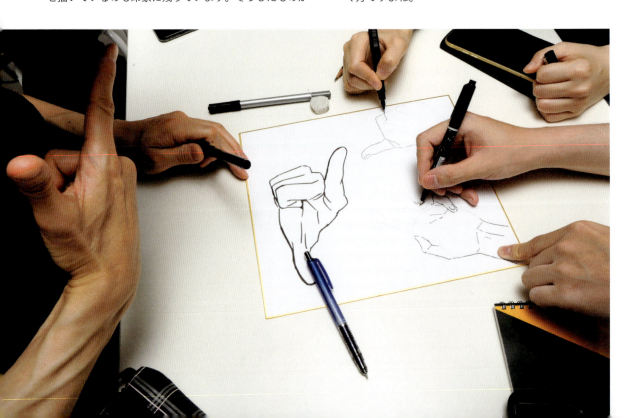

加々美　そうですね。そういうタッチが好きなのと、私は、影もアニメ表現の一つだと思っていますから。結局、アニメって、光の当たっている部分と影の部分で表現するので、あいまいなところがない。もやっとした表現は描けないんです。初めにも言ったように、パーツ分け、デザイン化、構図を意識して絵に落とし込んでいます。単なる実写の模写ではない部分で表現するのがアニメだと思っているので。

──ところで、みなさんにも描きにくい手の向きとか、動きとかありますか？

内海　手って骨の仕組みが複雑で、どの角度も難しいですよね。挙げるとしたらお箸を持つ手かな。

蛯名　基本的に物を持つ手は難しいですね。それを動かすとなるとなおさら。

加々美　箸と、鉛筆はね、ホントそう（難しい）。

内海　お箸を持つといっても、美しく正しい持ち方の人、下手な人、独特な人などお箸ひとつでも色んな描き方があって、そういう意味でも難しい。

蛯名　加々美さん、ご自分の手を写真に撮ってモデルにして描くことってあります？

加々美　それはあります。鏡に映したり画像で撮ったり。男性の手だとそれでもいいんですが、子供と老人の手は難しい。手だけのポーズ集とか写真集とかを参考にしつつ、自分の手をデフォルメして、想像を膨らませて描きます。

蛯名　加々美さんの手って絵にしやすそうですよね。

内海　そうそう。丸っこいとっかかりのないフォルムって型が取りづらいですが、加々美さんの手は凹凸がしっかりしている。筋肉や血管からそう感じるのかなと……。あと採血しやすそう。

加々美　ああ、それは病院で言われました。看護婦さんが「わかりやすくていいです」だって。もう年だから（笑）。

──色紙を用意しましたので、みなさんで手のイラストを描いてサインをいただけませんか？

加々美　寄せがき的にですか。

内海　手の絵は加々美さんにバーンって描いていただければ（笑）。

加々美　あんまり、リアルなタッチじゃなくてデザイン的に描くのでいいですよね？

内海　それぞれお互いの手を見て描くってどうですか？

加々美　ポーズをしながら描くの？

蛯名　けっこう描きづらい。

内海　やっぱり自由に描きましょう！

蛯名　（自分の手の）写真を撮って描こう。

加々美　正面は難しかった…。面倒くさい角度で描いちゃったな…。

　　　　──一同黙々と描く。

蛯名　色は塗らないの？

内海　色？　色は加々美さんにお願いしようかな。

加々美　いや、いや、いや。それは（笑）。

蛯名　それは反則でしょ（笑）。

プロを目指す読者にむけて

──最後に、将来の進路としてイラスト、アニメ業界を目指す読者に向けてそれぞれ一言いただけますか？

内海　私はアニメから、つまり、デフォルメの模写から始めたので、この世界に入ってからとても苦労しました。だから、自分の好きな映画、お笑いでも実写なら何でもいいので、そういったものの模写から始めることをお勧めします。手に特化する場合でも、好きな役者さんの手だったりすると、デッサンも好きになるし、練習を続けられると思うんです。まずは継続。それから、アニメなどのデフォルメに入っていくのがいいと思います。「継続は力なり」諦めずに頑張ってください！

蛯名　「頑張る」としか言いようがない。好きなことからでいいので、まずは観察ですかね。加々美さんもブルース・リーの手の観察から入って、現在のように認識されている。身の回り、日常の観察から模写に入って根気よく続けるしかなんじゃないかな。絵を描くって忍耐が必要になるので。すぐに諦めない。

加々美　アニメーターにしろ、イラストレーターにしろ、絵を職業にするのは、厳しい世界です。経済的なことを言うと、いろいろ工夫をしたり、したたかに行動したりしていかなければならない部分があります。まずは、お2人の繰り返しにもなりますが、好きで続けることが大事ですね。嫌いでイヤイヤやるよりも、好きでコツコツと続けると、技術的にも上達しますし、仕事の依頼にも繋がると思います。

──本日はお忙しいところ、お時間を割いていただきありがとうございました。

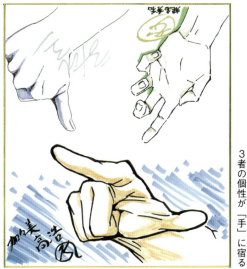

3者の個性が「手」に宿る

手のポーズ写真素材集

加々美さんが参考にしている自身の手は、筋や骨、血管などがしっかりと見えるとても資料に向いた手をしています。わかりにくい角度や、ものを持つ手など、悩みがちな手のポーズを加々美さんディレクションで79点ご用意しました。　写真素材のダウンロードについてはp.142をご確認ください。

●正面

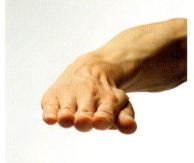
ph01_01

ph01_02

ph01_03

●親指側

ph02_01

ph02_02

ph02_03

●小指側

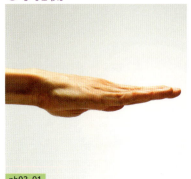
ph03_01

ph03_02

ph03_03

ph04_01

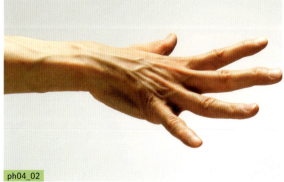
ph04_02

●指さし

ph05_01

ph05_02

ph05_03

ph05_04

ph05_05

ph05_06

●掴む

ph06_01

ph06_02

ph06_03

ph06_04

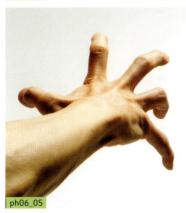
ph06_05

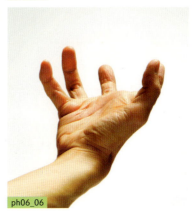
ph06_06

● 自然な手

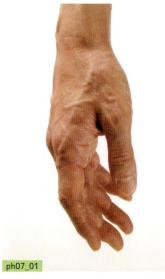
ph07_01

ph07_02

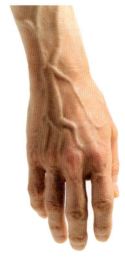
ph07_03

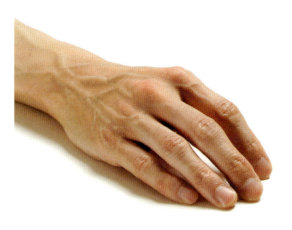
ph07_04

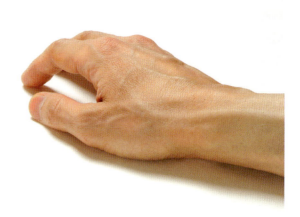
ph07_05

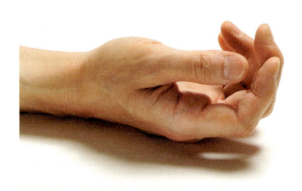
ph07_06

ph07_07

●本を持つ

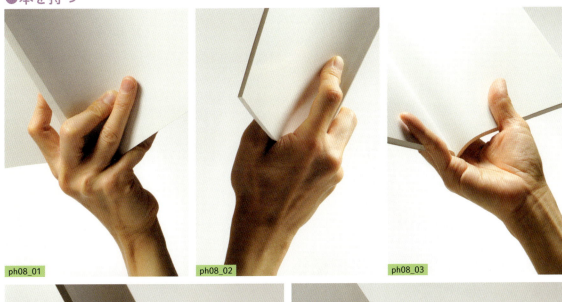

ph08_01　ph08_02　ph08_03

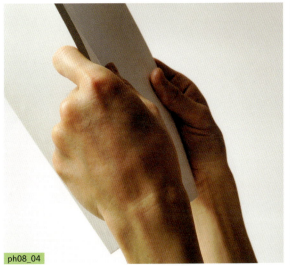

ph08_04

ph08_05

●カップを持つ

ph09_01

ph09_02

●棒を持つ

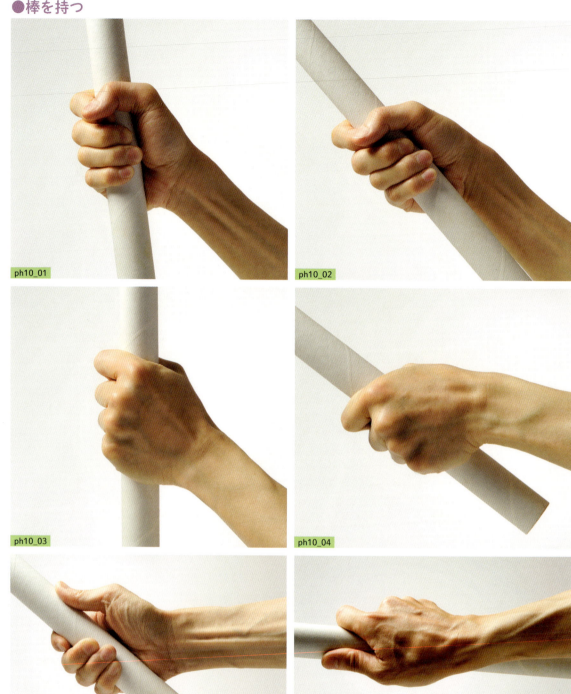

ph10_01

ph10_02

ph10_03

ph10_04

ph10_05

ph10_06

ph10_07

ph10_08

ph10_09

手のポーズ写真素材集

●箸を持つ

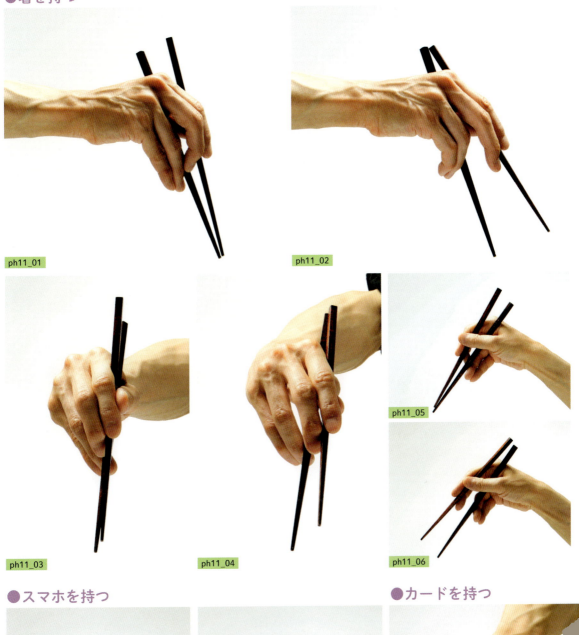

ph11_01
ph11_02
ph11_03
ph11_04
ph11_05
ph11_06

●スマホを持つ

ph12_01
ph12_02

●カードを持つ

ph13_01

●ボールを優しく持つ

ph14_01

ph14_02

ph14_03

●ボールを握る

ph15_01

ph15_02

ph15_03

●キューブを持つ

ph16_01

ph16_02

ph16_03

ph16_04

ph16_05

ph16_06

● 握手

ph17_01

ph17_02

ph17_03

ph17_04

ph17_05

ph17_06

● 腕を掴む

ph18_01

● 手を組む

ph19_01

ph19_02

ph18_02

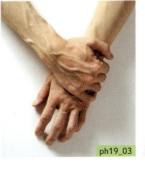
ph19_03

ph19_04

特典データについて

特典データの詳細と動画の視聴方法

本書には2つのダウンロード特典がついてます。解説動画は動画再生ページにアクセスすることですぐに観ることができます。

特典1　解説動画

・いつもの道具の解説（2分）

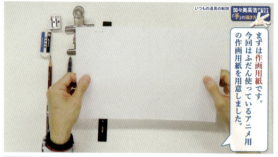

動画再生ページ　http://movie.sbcr.jp/kgmd/

・手の描き方まるごと解説（33分）

動画再生ページ　http://movie.sbcr.jp/kgmk/

特典2　手のポーズ写真素材

加々美高浩ディレクションによる加々美高浩の手の写真の素材データ（JPEG）です。手のポーズ写真素材集（p.134〜p.141）に掲載した写真すべてです。また、p.21〜25のアタリの描き方で使用した手の写真も収録していますので練習用として使用してみてください。

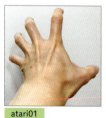
atari01

atari02

atari03

atari04

atari05

特典データのダウンロード

手のポーズ写真のファイルや動画ファイルのダウンロードは、本書のサポートページから可能です。サポートページにアクセスし、「サポート情報」にある「ダウンロード」ページに進んでください。

また、ご利用の際には必ず「はじめにお読みください.txt」をご確認ください。

本書のサポートページ　https://isbn.sbcr.jp/99851　　　パスワード　kagami2019

あとがき

ここまで拝読された皆様、お疲れ様でした。

私が子供の頃、日常の遊びや娯楽関係の情報収集の手段は主にTV、漫画雑誌、両親に連れて行ってもらう映画などでした。中でもTVアニメーションや実写の特撮ヒーロー番組は毎週夢中で観ていました（後々、刑事ドラマやアクション映画も加わっていきます）。そして私はそれらの作品の画を描くようになっていました。それはPC、ネット、BD、DVDレコーダーやそれこそビデオレコーダーさえなかった時代、お気に入りの作品を「反芻」したり手元に残すということに加え、面白い作品を観たときの喜び、驚き、感動など、自分の気持ちを何か形にして表現したい！との思いだったのかなと思います。

そうしてキャラクターたちの活躍を描いていく中で、構える、変身ポーズを取る、敵を指差す、殴る、両腕から光線を放つ、銃を構える、射つなどのアクションから、泣く、笑う、怒るなどの日常芝居まで、手を使った表現は非常にたくさんあり、そこで手の重要性を無意識の内に学んでいたのかもしれません。

もうあちこちで言っていますが、やはりブルース・リー師父の映画を観て衝撃を受け、リー師父の姿を模写するようになったとき、手への拘りが無意識から自覚に変わったのだと思います。格闘技、映画とあらゆる面で革命を起こしているリー師父ですが「手の演技」も力強いのに色気がありとにかく格好良くて当時から、いや、今観ても他に類を見ない独特な表現をしています。リー師父を見て「手ってこんなに格好良いパーツなんだ！」「手を巧く描写できればキャラクターの見栄えがさらに良くなる！」と思ったのでしょう。だから自分にとっての手の先生はブルース・リー師父です。

本書の内容は私が無意識にやっていることを論理立てて相手に理解してもらわなければいけない、ということに最初は戸惑いながらの作業でした。通常なら画に関する自分なりの理屈やコツなどは口に出したり技術論的に分析したりせず、脳内の思考のみで描いているのですが、それらの漠然としていた考えが、スタッフの方々とのやり取りの中で整理され具体的な形になり「あ、自分はこういうことを考えて描いていたんだ」と逆に自分で自分のやり方を再発見することとなりました。

画はこれが正解！ というものは無いと私は思っています。基礎的なデッサン力は必要ですがそこから後は描く人の自由な感性で表現されるものだと私は思いますし、それぞれ個性が出ているほうが見る側としては面白いのです。（仕事になると面倒な制約が課せられ自由度は下がることもありますが…）

本書は私なりの手の描き方であり、他にもさまざまな表現法はあると思います。私がそうあったように皆さんも表現の引き出しを増やして描きたいモノが描けるように色んな媒体から学んでください。私もまだまだこれからも学んでいきたいと思います。

そして私に本書の執筆依頼をくださり編集構成に熱意を持って取り組んでくださった株式会社レミックの秋田綾様、販売に於いて多彩な特典や宣伝デザインなどに尽力してくださったSBクリエイティブ株式会社の杉山聡様、画像の使用許諾をくださった株式会社小学館の塩谷文隆様、尊敬する椎名高志先生、本書制作に関わってくださったスタッフの方々、そして本書を購入してくださった皆様、ありがとうございました。

2019.11 加々美高浩

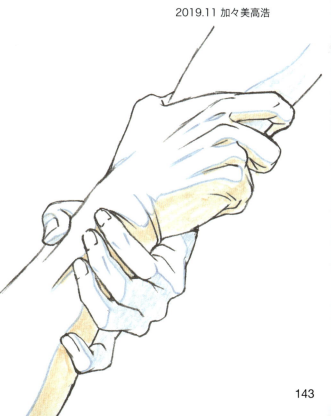

■著者紹介
加々美 高浩
超絶技巧派アニメーター。
特に手の作画に定評があり、作画監督を務めたアニメ『遊☆戯☆王デュエルモンスターズ』ではキャラごとに手を描き分ける演出と美麗な絵作りで数々の手フェチを生み出している。
『遊☆戯☆王THE DARK SIDE OF DIMENSIONS』『絶対可憐チルドレン』『DEATH NOTE』などのアニメ作品ではキャラクターデザインや総作画監督を務める。

■座談会協力
内海紘子
蛯名秀和

■写真撮影
御澤徹

■カバーデザイン
西垂水敦 (krran)

■動画制作
伊藤孝一

■企画・本文デザイン・DTP・編集
秋田綾（株式会社レミック）

■企画・編集
杉山聡

■特典データについて
作画動画、手の写真素材は、本書のサポートページで配布しています。
詳しくはp.142ページをご確認ください。

本書のサポートページ
https://isbn.sbcr.jp/99851/

加々美高浩が全力で教える「手」の描き方
圧倒的に心を揺さぶる作画流儀

2019年11月22日　初版第1刷発行
2022年2月14日　初版第15刷発行

著　者　加々美高浩
発行者　小川 淳
発行所　SBクリエイティブ株式会社
　　　　〒106-0032 東京都港区六本木2-4-5
　　　　https://www.sbcr.jp/
印　刷　株式会社シナノ

※本書の出版にあたっては正確な記述に努めましたが、記載内容などについて一切保証するものではありません。
※乱丁本、落丁本はお取替えいたします。小社営業部（03-5549-1201）までご連絡ください。
※定価はカバーに記載されております。

Printed in Japan　ISBN 978-4-7973-9985-1